LIBROS DE ASTROLOGÍA

PLANETAS EN CASAS

AUTORES:

Alejandra Jiménez
Ana María Nuñez
Elena Antón
Isabel Castañón
Iván Toral
Jacqueline Rivas
Katterine Ropero
María Argelia Jaspe
Patricia Molina
Rosa Cortés
Vilma Salazar

UNIVERSIDAD CLANDESTINA DE ASTROLOGÍA

Nivel I De Astrología

Planetas en Casas

Primera Edición

Autores y profesores de Astrología:

Alejandra Jiménez, Ana María Nuñez, Elena Antón, Isabel Castañón, Iván Toral, Jacqueline Rivas, Katterine Ropero, María Argelia Jaspe, Patricia Molina, Rosa Cortés, Vilma Salazar.

Corrección de estilo:

Ana María Nuñez, Isabel Castañón, María Argelia Jaspe.

Diagramación y diseño de cubierta: Ricardo Puerta I.

Diseño de Ilustraciones: Vilma Salazar, Isabel Castañón e Iván Toral

Published 2021

Unión Internacional Literaria de Astrología Asociación Civil.

www.uila.info

LIBROS DE LA UCLA

Estado cósmico de los planetas

Astronomía para astrólogos

Los doce signos del zodiaco

Las doce casas astrológicas

Mitología para astrólogos

Historia de la astrología

Simbología astrológica

ÍNDICE

PRÓLOGO

Isabel Castañón

Abordar cualquier proyecto siempre es un reto, cuando se trata de un libro de astrología se convierte en una hermosa empresa que nos conecta con tan antiguos predecesores que como mínimo sentimos emoción, respeto y cierta sensación de solemnidad.

Se trata de acercar miles de años de estudio y conocimiento a quienes inician este aprendizaje. Son muchos los caminos y los medios, variadas escuelas y maestros para un mismo cielo. **Planetas en Casas** es un ejercicio plural de amor a la astrología, continuando la pasión aprendida de nuestra alma mater (Tito Maciá), que reúne diversas miradas, distintas experiencias profesionales y docentes para incentivar y apoyar al estudiante que se asoma a esta ventana estelar.

Profesores de la UCLA nos invitan a acceder a las Casas con las llaves de su buen saber y sus vivencias con alumnos y consultantes, brindando una visita clara y amena que permita una información útil para enlazar con los demás pilares de esta maravillosa materia.

INTRODUCCIÓN

Iván Toral

Determinaciones de los planetas

El análisis astrológico adquiere diversas facetas, casi todas estas proceden del concepto de los planetas en Casas y de los diálogos que forman con los demás planetas. Por ello, previamente a interpretar planetas en Casas, debemos saber los significados esenciales de planetas, signos zodiacales y Casas, igualmente comprometernos a descifrar las determinaciones adquiridas o accidentales y para tal acción recomendamos la lectura del libro "Estado cósmico de los planetas", de la saga de libros de la UCLA publicados en Amazon.

Las determinaciones esenciales aluden al significado simbólico simple de cada uno de los planetas, de los signos, de las Casas o de los aspectos. De tal manera que hablamos de determinaciones esenciales cuando aplicamos las correspondencias simbólicas de los planetas -que están desarrolladas en el libro "Simbología planetaria"-.

La naturaleza o la determinación accidental de un planeta es la forma específica de analizar los acontecimientos que favorece un planeta justificado por su posición zodiacal, su posición por Casa, la disposición sobre otros planetas y otros sectores y su vínculo por aspectos con otros planetas.

La naturaleza adquirida de un planeta deriva de la colaboración o mezcla de su determinación esencial con la de otro planeta, signo, Casa o aspecto.

El estado cósmico explica el resultado de la expresión del planeta en la existencia del nativo, el beneficio o perjuicio derivado de sus simultaneidades, nos instruye en lo que va a concluir la manifestación de cada planeta. El estado cósmico de un planeta es correspondiente a la dignidad, el poder, la fuerza.

La fuerza final de un planeta se determina por sus dignidades, cuantas más dignidades tenga aumenta la probabilidad de que lo que determina, por su posición en las Casas, se ejecute de forma conveniente.

La ubicación de un planeta en una Casa nos señala el sector concreto de la vida a través del cual se producirá la expresión más potente del planeta en cuestión, un planeta en una Casa nos señala **lo determinado.**

Los planetas en las Casas simbolizan a los ejecutantes que configuran y brindan tendencia a cada una de las Casas de una natividad, indicándonos lo que más se nota y delimita la ventura de un individuo en correlación con ese planeta.

El influjo astrológico concordante con un astro posicionado en una Casa, en primera instancia, intenta exteriorizarse por medio de una pauta de comportamiento, una forma de ser, conduciéndonos a seguir una actitud y forma en consonancia con el planeta. Un planeta admite distintas maneras de exteriorización conforme con la vida de cada individuo que permuta en distintas fases de la vida.

Este trabajo acerca del augurio de los planetas en las Casas no pretende ser un recetario determinista, en ningún momento pretendemos que sea verdad absoluta lo que aquí se va a exponer. Espero que el lenguaje utilizado no incite al desacierto de admitir a priori cada una de las acepciones expuestas a continuación. Nuestra intención es ayudar al estudiante de astrología a discernir entre las factibles manifestaciones de los planetas en las Casas. No pensamos que sea dogma universal, sólo es una guía para comprender las representaciones en el devenir de cada persona con conceptos sencillos.

Asimismo, el análisis astrológico es un arte que le imprime el sello personal de cada astrólogo, dependiente del tiempo y del espacio en el que efectúa su interpretación. Ponemos a la disposición de nuestro amable lector la interpretación realizada por un grupo de astrólogos iberoamericanos del siglo XXI, al cual, en mi carácter de coordinador del libro, agradezco su dedicación y empeño para desarrollar los capítulos que conforman esta obra.

Iván Toral

Marzo 2021

SOL EN LAS CASAS

Alejandra Jiménez

El símbolo del Sol representa la unidad, identidad, el brillo personal, espíritu puro.

Es la estrella en torno a la cual giran todos los planetas de nuestro sistema solar.

Da una vuelta completa a la eclíptica en 365,25 días.

Desde la tierra, el Sol se observa recorriendo la eclíptica hacia atrás y como la tierra gira a su alrededor es imposible verle retrogradar.

Domicilio/Regencia: Leo
Exaltación: Aries
Exilio: Acuario
Caída: Libra
Gozo: Casa IX
Tristeza: Casa III

En la mitología es llamado Helio o Apolo, es hijo de Zeus y Leto, se conoce como dios de la adivinación, de la profecía, de la música, de la armonía, la razón y el orden e incluso de la curación. Protector de pastores, arqueros y marineros.

Sol en Casa I

El Sol en esta Casa resalta el carácter y el comportamiento y al ser esta luminaria la esencia del individuo remarca y enaltece las cualidades del signo en el que se encuentre, otorgando una fuerte identificación con el cuerpo físico, su condición y apariencia. La personalidad es imponente, voluntariosa e independiente, aportando dignidad, sinceridad y ambición.

Los planetas en esta Casa impactan directamente sobre el cuerpo físico y por ello son de especial atención para el tema de astrología médica.

La actuación de un Sol en Casa I es de autoafirmación, que opera en dependencia del signo en el que se encuentre, marca al nativo con un temperamento digno, de fuerte auto valía; todo esto se verá escenificado en los primeros años de vida por las progresiones, direcciones y atacires, que le llevarán a desarrollar y vivenciar experiencias de organización, ascenso y protagonismo o prestigio teniendo que tomar las riendas de su vida y aclarando sus aspiraciones a temprana edad. Dichas perspectivas de ascenso se verán favorecidas o afectadas por los aspectos que haga con otros planetas y el estado celeste de los mismos, escenificándose, desde un punto de vista hiperrealista, a través de relaciones favorables y de apoyo por parte de personas de la familia, amigos, profesores o mecenas.

Siendo una Casa cardinal indica iniciativa que, plasmada en la personalidad, otorga un carácter influyente como en el caso de Eva Perón.

Eva Perón
Política y actriz argentina

Sol en Casa II

Al ser esta la Casa de los valores, la identidad y valía se verá condicionada por la capacidad adquisitiva. Las posesiones no necesariamente tienen que ser materiales, también pueden ser valores morales o incluso la capacidad resolutiva de sus asuntos con los recursos que disponga, ya sean tangibles o humanos. Aunque marca un fuerte sentido de posesión por ser una Casa fija, el sujeto se sentirá muy motivado a la obtención de recursos para preservarlos. Esto se verá reforzado o debilitado dependiendo del signo en el que se encuentre y los aspectos que haga con otros planetas.

La conciencia innata del valor de las cosas y las personas contribuirá a que el individuo desarrolle maestría en la administración y dominio de la economía, como el caso del piloto de automovilismo Ayrton Sena cuya marca sigue moviendo millones aún después de su muerte.

Ayrton Senna
Piloto de automovilismo

Sol en Casa III

Como Casa asociada tradicionalmente al intelecto y comunicación augura éxito en estos temas, pero sobre todo dotará al nativo de facilidad para relacionarse con su medio ambiente y estar al tanto de las noticias de la gente de su entorno. También es indicativo de personas muy informadas y dinámicas, dicha curiosidad puede ser muy versátil y en campos muy diversos, generando la necesidad de formarse continuamente en esos temas de interés que estarán determinados por el signo en el que se encuentre el Sol y los aspectos que reciba o aplique a otros planetas, así como la posición domal de estos, pero en general esta ubicación aporta habilidades en la comunicación ya sea oral o escrita, sin embargo, la capacidad de organizar y consolidar todo este saber o conocimiento también está en función del estado cósmico del planeta.

Esta Casa, al ser también indicadora de intercambios, dota al nativo de habilidades comerciales y educativas.

12

El Sol ocupando esta Casa marca una tendencia errante, por ello es importante tener un vehículo con el cual explorar, moverse o visitar otros lugares los fines de semana, pero dicho estado nómada puede llegar a ocasionar cambios de domicilio o también cambios en cuanto a los intereses intelectuales y cuando no se destaca en uno de estos asuntos se tiende a proyectar esa brillantez en algún hermano.

Un ejemplo muy claro está en la presentadora de televisión Joan Rivers.

Joan Rivers
Comediante y actriz

Sol en Casa IV

Marca una fuerte identificación con la familia, en particular con el padre, un deseo inconsciente de cuidar, proteger y sentirse o hacer sentir orgullo familiar, por ello se llega a manifestar alguna forma de preferencia por parte del núcleo filial que puede potenciar el desarrollo individual del nativo llegando a ser el más destacado de la familia o tener algún tipo de

13

autoridad en ella, aunque todo esto está condicionado por el signo en el que esté el Sol, su estado cósmico, los aspectos que reciba y ejerza sobre otros planetas. Si estos son "malos" puede escenificarse como una vida familiar compleja, con sus obras y sinsabores; a veces simplemente indica la forma en que se relaciona la familia en su conjunto y, cuando no se ejerce el aforismo de ser el miembro más destacado, se puede llegar a desplazar el arquetipo familiar y entonces se tiende a vivir exclusivamente a la sombra de un progenitor, con sus mandatos, órdenes o condicionamientos hasta edad adulta.

El Sol aquí emplazado también aporta la posibilidad de independencia a través de algún tipo de proyecto muy personal como puede ser un negocio, desde luego que éste tendrá que ser impulsado o apoyado por la familia.

Pese a que este sector corresponde al Bajo Cielo, hay que remarcar que es una Casa angular y no demerita en nada la capacidad para sobresalir, esto quedará de manifiesto sobre todo en la última etapa de la vida.

La cocina puede ser un área de la casa por donde entren los rayos del sol directamente o simplemente estará muy iluminada y donde pase mayor tiempo el nativo. Otros brillarán atendiendo su negocio, cualquiera que fuere.

Un personaje destacado con este Sol es el director de cine Martin Scorsese.

Martín Scorsese
Director, guionista y productor

Sol en Casa V

Determina una fuerte ambición creativa y una elevada capacidad para el disfrute ya que esta Casa tiene algo de lúdico, aporta simpatía y gracia en los modos llegando hasta la broma, hay una disposición natural al placer y la libertad que generará problemas solo si hay malos aspectos.

Como es la Casa tradicional de los hijos puede haber una tendencia a proyectar en ellos anhelos incumplidos o altas expectativas y también se puede llegar a desplazar esa proyección al núcleo de amistades más íntimo. Es importante la autorrealización y la fidelidad a los objetivos para no proyectarse en los demás.

Esta posición aporta arrojo y hasta un poco de desenfreno a la hora de satisfacer las aspiraciones, deseos, placeres.

El lugar para brillar y protagonizar de estos soles en Casa V está entre sus amigos íntimos, hijos con actividades creativas, donde no se escatime en compartir siempre, por ello es habitual escenario de artistas que viven del aplauso dando placer y felicidad a otros, o como cuando se ofrecen fiestas y banquetes, o simplemente una buena reunión bohemia en la sala de su casa, reuniones como las que ofrecía la *socialité* Wallis Simpson.

Wallis Simpson
Duquesa de Windsor

Sol en Casa VI

Aporta protagonismo en el ámbito laboral. Por la gran capacidad organizativa llegan a desarrollar técnicas, métodos, estrategias para facilitar procesos que se consolidan en hábitos, costumbres o se formalizan en manuales y desde luego que se sentirán orgullosos por ello, por la utilidad de sus servicios y buscarán reconocimiento laboral.

Esta posición también aporta cualidades innatas para los temas de higiene y cuidado de la salud y por esa atención se pueden llegar a acentuar las somatizaciones.

La vida laboral se verá determinada por el signo en el que se encuentre el Sol y por tanto del planeta regente del mismo. Si el Sol se encuentra fuerte se consolida el liderazgo o autoridad en este ámbito y el protagonismo de esta área de vida en el nativo; de haber malos aspectos se pueden acentuar achaques de salud, dificultades para organizarse, conflictos laborales, con la servidumbre y/o proveedores o mascotas.

Como es el caso del chef Gordon Ramsay.

Gordon Ramsay
Chef

17

Sol en Casa VII

En esta Casa se consigue una gran empatía con los otros, generando reconocimiento producto de las habilidades sociales desarrolladas. Aquí el prestigio, los logros y la aprobación vienen a través de los demás, a veces anteponiendo los intereses y necesidades del otro a las propias. Hay una forma de condicionamiento y compromiso hacia el prójimo, generando colaboraciones, contribuciones, acuerdos, participaciones. Es ideal para coaching (acompañamiento), gente que da consultoría, managers y también ese arquetipo se puede proyectar en una pareja o alguna otra forma de sociedad.

El rasgo avasallador del Sol puede dificultar los campos que atañen a esta Casa sobre todo cuando hay malos aspectos, causando alteraciones y contratiempos en las relaciones, poniendo en evidencia rasgos egoístas.

Un Sol en esta Casa angular es signo de gente con iniciativa para participar de actividades o proyectos significativos a nivel incluso social. Puede haber una tendencia a demandar reconocimiento de los demás para sentir plenitud.

Ejemplo claro de Sol en Casa VII es Diana de Gales.

Diana Spencer
Princesa de Gales

Sol en Casa VIII

Los nativos con el Sol en esta Casa se sienten identificados con valores de autarquía y autosuficiencia.

Al ser una Casa oculta, puede haber intereses que se mantienen en la privacidad o que simplemente van enfocados hacia el escudriñamiento de conocimientos disruptivos, tabú o hasta esotéricos en los que les gusta profundizar. Esta posición aporta una perspectiva de las personas y hechos que devela las intenciones secretas que pueden llegar a usar a discreción.

Por ser una Casa crítica, marca una hipersensibilidad que hace vivir experiencias intensas y hasta un poco dramáticas respecto a las relaciones con los demás, tendencia a profundos apegos y experiencias por ello de renuncia, desengaños y hasta incomprensión.

19

Siendo la Casa de los deseos, estos se viven con aguda obstinación.

Aporta estoicismo, resistencia y carácter. Se proyectan como personajes enigmáticos, con un valor o poder atávico inconsciente; con el tiempo desarrollan habilidades emocionales de supervivientes ante las adversidades o dramas de la vida y llegan a detentar una forma de poder encubierto en el plano emocional y en el material.

Un ejemplo muy notable está en Henri Nestlé, creador de un sustituto a la leche materna que disminuyó el índice de mortalidad infantil.

Henri Nestle
Boticario y empresario

Sol en Casa IX

Esta es la Casa del gozo del Sol, por tanto, aporta optimismo, amplitud de perspectivas y una tendencia hacia el desarrollo de la mente superior tanto intelectual como espiritual. Esta consciencia panorámica puede proporcionar un fuerte sentido de la aventura, de la curiosidad respecto a otras culturas y filosofías, todo ello dota al nativo de un aire de intelectualidad y hasta sabiduría que llega a enarbolar con maestría e idealismo.

Al ser la Casa de los viajes y estudios superiores puede otorgar experiencias muy variadas en estos campos, desarrollándolos exhaustivamente, dando facilidad para conocer o contactar con personas de otros países y culturas o simplemente credos diferentes, promoviendo expansión en los ámbitos intelectual, académico, espiritual, desarrollo de utopías filosóficas, promoción de valores humanos o morales y hasta movimientos sociales como fue el caso del reverendo Martin Luther King.

Martin Luther King
Activista por los derechos humanos

Sol en Casa X

Esta es la Casa angular más elevada, por ello concede altas expectativas de crecimiento, cierta distinción y rasgos de liderazgo aportando reconocimiento y posibilidades de elevación social con perseverancia y disciplina; hay una necesidad innata de demostrar capacidades personales y autosuficiencia.

Esta posición dota al nativo de tenacidad y método, una mentalidad de estratega esperando los momentos oportunos para avanzar. Puede llegar a manifestarse como un personaje muy destacado entre su familia y detentar cierto grado de autoridad y poder.

Los nacidos con el Sol en Casa X se ven infundidos de grandes ambiciones que los hacen alcanzar muchos de sus proyectos materiales y/o sociales. Es una Casa de alta exposición pública por eso lo vemos en personajes que dan la nota y alcanzan cierto grado de celebridad como es el caso del empresario Jeff Bezos creador de Amazon, quien se halla en el ranking de los hombres más ricos del mundo.

Jeff Bezos
Empresario y magnate

Sol en Casa XI

Aquí el Sol se encuentra imbuido en temas de fraternidad y sociabilidad. Las amistades y su posición entre ellas toman gran importancia, tanto ser el amigo en torno al cual gira todo o tener un amigo muy importante o valioso por su condición social y/o económica.

Esta Casa también da la posibilidad de pertenecer a organizaciones, grupos o clubes, todos estos muy variados, libres y con perspectivas de evolución y progreso.

El Sol en esta Casa se relaciona con clientes y amigos con los que se puede incluso llegar a viajar creando experiencias memorables, o formar grupos de intercambios intelectuales que aportan esperanzas y generan mejoras para un colectivo muy grande como es el caso de la actriz y activista Angelina Jolie.

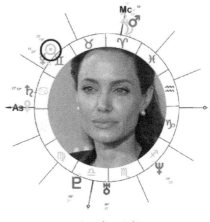

Angelina Jolie
Actriz y modelo

Sol en la Casa XII

Esta Casa es un poco privada, por ello la oportunidad de brillar y destacar se da en sectores más íntimos. Hay una gran sensibilidad y empatía con los más desafortunados, por ello personas con el Sol en esta Casa pueden desarrollar actividades como la filantropía o el voluntariado, atención y servicio a grupos desfavorecidos o necesidad de pertenencia a grupos muy selectos, exclusivos, clandestinos y reducidos. Aporta la necesidad de trabajar o realizar alguna actividad en solitario, con privacidad, hacer algún tipo de trabajo interior y desarrollo personal como terapias o retiros espirituales.

La necesidad de esos espacios reservados le hará buscar experiencias para participar en retiros, misiones de ayuda, servicios, internados voluntarios o no, o simplemente abocarse de forma oculta a alguna actividad muy especial y personal. La versión voluntaria es preferible a la versión patológica de la

Casa que también está asociada a enfermedades severas que requieren hospitalización y, de no atenderse, se pueden escenificar en ciertos periodos de la vida.

El Sol en esta Casa también aporta sujeciones o condicionamientos que pueden llevar al nativo a experiencias de renuncia, pero también de profunda búsqueda espiritual. Janis Joplin fue una célebre cantante con el Sol en Casa XII.

Janis Joplin
Cantante de rock y blues

LUNA EN LAS CASAS
Ana María Nuñez

El simbolismo de la Luna está formado por dos semicírculos abiertos hacia la izquierda, lo que indica sentimientos, emociones, receptividad, imaginación y memoria emocional. Significa la mente, el espíritu humano en evolución; los dos semicírculos dan idea de la dualidad: el consciente y el inconsciente.

La Luna es el único satélite natural de la Tierra, el quinto más grande del sistema solar. Es un cuerpo celeste rocoso, sin anillos, que se encuentra a 384.400km de distancia de nuestro planeta. Tarda 27 días, 7 horas y 43 minutos en completar su ciclo sideral. Todo planeta tiene un período sideral y un período sinódico, el primero calculado con respecto a la vuelta periódica del planeta a un punto fijo en el cielo, y el segundo, con respecto a las sucesivas conjunciones del astro (Luna) con el Sol, que también se mueve. Tarda 29 días, 12 horas y 44 minutos, en completar su ciclo sinódico.

A lo largo de su trayecto, la Luna refleja la luz solar de formas distintas según en qué fase de su órbita se encuentre, esto es lo que determina las fases lunares: luna nueva, cuarto creciente, luna llena y cuarto menguante.

Domicilio/Regencia: Cáncer
Exaltación: Tauro
Exilio: Capricornio
Caída: Escorpio
Gozo: Casa III
Tristeza: Casa IX

En Mitología es difícil encontrar una sola diosa que represente todo a escala del simbolismo lunar. Antiguamente, las diosas lunares guardaban relación con la Luna Llena y la Luna Nueva y los rituales asociados a la magia blanca y negra, respectivamente. Las diosas blancas y oscuras, en las diferentes culturas, tomaron nombres diversos, pero todas hacían referencia a la misma energía, la de la Luna y sus fases. La observancia de los ciclos lunares de crecimiento, decrecimiento y desaparición nos da la idea del devenir, nacimiento, transformación y también muerte. El hecho de que la Luna parezca hilar y deshilar en el cambio de esas fases da la idea de que detrás de ese astro que es uno, hay también tres. La triple diosa: del cielo, la tierra y el infierno.

Luna en Casa I

La Casa de la personalidad, vitalidad, características físicas y la forma de enfrentar al mundo, se torna particularmente sensible, emotiva e intuitiva cuando es ocupada por la Luna. Sentimiento y naturaleza instintiva encontrarán expresión a través de los intereses personales, favorece el desarrollo de una gran perceptibilidad, inspiración, fantasía e intuición. Puede traer variabilidad en el carácter, un poco lunático, porque sus respuestas en el día a día frente a las circunstancias estarán fuertemente condicionadas por factores emocionales.

Otras facetas de esta posición son la falta de dirección, los cambios de humor, el exceso de emotividad y mutabilidad, especialmente si se encuentra mal aspectada, pudiendo llegar a ser algo extremista. Las opiniones de las personas son importantes para ellos. Esta ubicación de la Luna les trae popularidad y una conexión con la multitud bastante especial. El corazón prevalece sobre la cabeza con predominio del mundo onírico y del inconsciente. Gracias a su sensibilidad pareciera que tienen antenas que captan los estados anímicos de quienes las rodean.

Al Capone
Gánster de los años 20 y 30

Luna en Casa II

Casa de dinero, finanzas, bienes materiales, éticos y morales. La Luna en la casa de los valores puede ser causa de inestabilidad económica por los altibajos financieros. Podría señalar que el dinero que se recibe proviene de la familia, de alguna mujer de la familia, de ventas de propiedades. Favorece las ganancias a través del público, de mujeres o de bienes heredados.

Puede pasar por períodos de abundancia y en otros extremos llegar a tener que vender su casa o algún otro inmueble para poder salir de la crisis. La sensación de bienestar general es fuertemente dependiente de las comodidades y posesiones materiales, de una vida familiar estable. Lo que tiene que ver con asuntos materiales toma una importancia que a veces se desconecta de la realidad. La forma en que se gana el dinero pareciera una montaña rusa y éste les proporciona una gran seguridad o tranquilidad emocional.

Predisposición a llevar la situación financiera más con el corazón que con la cabeza, debido a que los cambios de humor y fluctuaciones internas influyen en su economía. Son personas que tienen más tendencia a vivir en el mundo de los sueños que a cultivar el sentido práctico y el realismo.

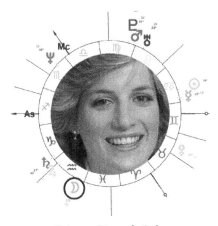

Princesa Diana de Gales
Lady Di

Luna en Casa III

La comunicación, los hermanos, el intelecto, la mente concreta, los escritos, los viajes cortos y el entorno cercano, es lo que conforma esta Casa III. Con la Luna en esta ubicación las personas son inquietas, vivas, con una mente errante, fluctuante y fértil. Su discurso y el pensamiento están muy influenciados por los sentimientos y estados de ánimo, se podría percibir a la persona como indecisa y soñadora.

Amor por los viajes y deseos de cambios constantes. Sus emociones son particularmente fuertes cuando tratan con personas de su entorno, a veces pueden comunicarse demasiado, mezclando asuntos prácticos con afectivos. Cambian de parecer con frecuencia, pero serán muy intuitivos. Esta es una posición que favorece la inspiración, la Luna se encuentra en su Casa de gozo. Es excelente para los artistas, escritores, poetas, periodistas, cuya vida está llena de relaciones, viajes y situaciones cambiantes.

Son personas que suelen tener hermanas más jóvenes, la carga afectiva de la hermana y sus relaciones con ella o personas semejantes le dejan una profunda huella. Señala relaciones variables, muchos conocidos y compañeros. Podría indicar una relación extramatrimonial.

Propicia viajes cortos y beneficia el contacto con el público, lo que es favorable para comerciantes y vendedores. Bien aspectada trae una buena relación con hermanos y entorno cercano; si se encuentra afligida dará una tendencia a las obsesiones y sentimientos de ansiedad y que la mente sea muy superficial, lo que hará a la persona lunática e inestable.

Manuel de Falla
Compositor

Luna en Casa IV

Esta Casa nos habla del hogar, el padre, la madre, el país, el origen y las raíces, también del final de la vida y el medio familiar. Aquí la Luna se encuentra como en su propia Casa, aunque esté situada en otro signo que no sea el de su regencia esta es su Casa natural, por lo que se siente muy bien y da lo mejor de su naturaleza. Su familia, su hogar y a menudo su madre, tienen una gran importancia emocional.

Apegados a sus raíces, favorece la constitución de un hogar, de una familia, especialmente si está bien aspectada. Es normal que, a lo largo de su vida, cambien de residencia en más de una ocasión. Para sentirse emocionalmente seguros necesitan un hogar significativo y estable. Es esencial el entorno privado en el que viven, su hogar y vida privada son el refugio seguro sin los cuales comienzan a sentirse incómodos y preocupados. Presagia un aumento importante de la popularidad en el último tercio de la vida.

Hans Christian Andenser
Escritor y poeta

Luna en Casa V

Casa de hijos, embarazos, amores, creatividad, placer, vacaciones, hobbies, juegos de azar o no, enseñanza y ahorros. Es en las áreas de entretenimiento, fiestas, ocio, vacaciones, romances, etc., en donde manifestarán o expresarán mejor su mundo emocional.

Está dotada de creatividad artística, potencia la imaginación, la inspiración, la fantasía, el arte y es una excelente manera de canalizar todas las emociones efusivas y fluctuantes que surgen al más mínimo estímulo externo. Aquí, el planeta de la fecundación, favorece una abundante descendencia, señala la posibilidad de tener hijas, da un gran amor por los hijos y por la maternidad.

Relaciones románticas que tendrán una influencia muy notable, en algunos casos señala un amor con un profesor o profesora, o una persona que tenga características similares. Hay que tener cuidado con los juegos de azar.

Pablo Picasso
Pintor y escultor

Luna en Casa VI

Casa de trabajo, servicio, colaboradores y dependientes, trabajo en equipo, mascotas, partes del cuerpo que deben ser cuidadas, casa de salud y enfermedad. En la mayoría de los casos el individuo es popular en su entorno de trabajo y con sus colegas, a veces lo consideran una estrella. Tendencia a reaccionar emocionalmente de forma muy rápida y fuerte en esta área de la vida. Sensible e imaginativa, se deja influenciar por la opinión de los demás.

Puede cambiar de profesión o de trabajo, necesita sentirse amada y apreciada en el trabajo. Son personas sencillas que dedican toda su vida a servir a sus semejantes. Es una posición que favorece todas las profesiones y actividades relacionadas con el servicio público y la entrega a los demás, entre ellas: servicio doméstico, hostelería, enfermería, salud y sanidad, etc.

Fomenta el amor al trabajo, la abnegación y el sacrificio, de carácter servicial y con tendencia a solucionar problemas ajenos. Existe el peligro de que sus subordinados, que a menudo suelen ser mujeres, sean caprichosos y perezosos. Le gustan los animales domésticos.

Los problemas laborales podrían traer enfermedades, sobre todo en el estómago y en el aparato digestivo, las mamas y el sistema linfático, especialmente si la Luna está afligida. Las somatizaciones que se originan por indecisiones, miedo para asumir una responsabilidad o sentimientos de culpa, también pueden traer enfermedades. En una carta natal masculina, tanto la madre como la esposa podrían tener problemas de salud, sobre todo si la Luna está mal aspectada.

Santa Teresa de Avila
Religiosa, mística y escritora

Luna en Casa VII

Es la Casa complemento del Ascendente, el no yo, los otros, matrimonio, divorcio, socios, contratos, litigios, enemigos conocidos.

La Luna bien aspectada en esta Casa es favorable para el matrimonio, pero si está afligida podría ser negativa para esos asuntos, no negará la posibilidad de enlaces, pero predispone a una vida conyugal agitada o a la unión con una persona variable, inestable, voluble, sensible o caprichosa. Estas personas, a la hora de casarse, escuchan más al corazón que a la razón, lo que a la larga les traerá más lamentos que beneficios. Hombres con esta posición buscarán más una mujer que los quiera como una madre que como una esposa y en la carta de una mujer tratará más al hombre como a un hijo que como a un esposo. Los padres pueden intervenir a la hora de escoger pareja.

Son personas que dependen mucho de sus relaciones y los contactos son muy importantes. Son fácilmente influenciables. Favorece las asociaciones con familiares, así como también predispone a la inestabilidad en las uniones; son muy populares y beneficia el trato con la gente y asuntos relacionados con público. Pueden llegar a acuerdos en donde hay diferencias, son buenos en relaciones públicas.

Trae parejas o socios sometidos a cambios de humor y de sentimientos, bodas precipitadas o demasiado tempranas, así como cambios de pareja. El bienestar emocional general depende de una vida social activa y, en particular, de cuan estrechas sean sus relaciones.

Claudio Arrau
Pianista

Luna en Casa VIII

Casa de cambios radicales, transformaciones, regeneraciones, crisis, muerte, herencias, legados, manejo del dinero de otros o economía compartida, renuncias, dolor y miedo. Personas de emociones intensas, a veces violentas, sienten todas las cosas con mucha fuerza y sus reacciones son tan fuertes que pueden convertirse en una fuente de auto tormento.

Extremadamente intuitivas, imaginativas y cálidas, poseen un encanto indefinido cargado de densidad y misterio. En sus relaciones íntimas dan más importancia a los sentimientos que al sexo. Tienen una vida emocional tan intensa como profunda. Fuerte atracción por lo secreto u oculto, por la muerte y el más allá, por todo lo relacionado con el mundo esotérico y las facultades paranormales. Capacidad de conocer algunas cosas antes de que sucedan. Predisposición a la clarividencia.

La respuesta a las circunstancias está fuertemente condicionada por sus emociones, el romance, el dinero de otros, los negocios y la vida social. El buen olfato para los negocios también puede ser habitual con la Luna en esta posición, así como administrar bienes de herencias o de mujeres.

Lucrecia Borgia
Noble y mecenas italiana

Luna en Casa IX

Casa de filosofía de vida e ideales, mente abstracta, estudios universitarios e idiomas, los extranjeros, los viajes largos, la religión, la fe y los parientes políticos. Casa de la tristeza de la Luna.

Sus emociones los estimulan a descubrir lo que sea remoto y ajeno a sus raíces, les atrae lo desconocido y lo que es diferente. Augura largos viajes en compañía de mujeres, niños, madre o hermanas. En algunos casos puede lograr su propósito o realización sentimental con una persona extranjera. Esta es una posición favorable para escritores, especialmente los que narran sus viajes y aventuras.

Favorece el desarrollo de una gran percepción, presentimientos, sueños proféticos o clarividencia. Tienen la capacidad innata de comprender los problemas existenciales con agudeza y sagacidad, guiándose más por el corazón y la intuición que por la mente racional. Son personas que alimentan ideales de carácter místico, espiritual o religioso, posición que favorece la devoción a una religión o a un ideal. Cuando la Luna está afligida, la imaginación se dispara y la persona puede entregarse a toda clase de utopías carentes de base.

Christian Dior
Diseñador de moda

Luna en Casa X

Casa de éxitos profesionales y proyección social, vida pública, metas, honores, medallas, diplomas, carrera, vocación, el jefe, los superiores y todo aquello por lo que se quiere ser reconocido. La carrera y el logro social son los campos en los que las emociones se canalizan mejor. Posición favorable para lograr ascenso social. A menudo trae popularidad, son personas que sienten la necesidad de ser útiles a la sociedad en la que viven.

También es buena posición para quienes aspiran tener éxito en la política de su localidad ya que su fama les permite llegar a puestos elevados en sus municipios. Son muy conocidas dentro de sus ambientes profesionales o célebres en sus pueblos o barrios. Su mejor profesión estará vinculada al público en general pues realizan tareas notorias. Los políticos con esta posición de la Luna se hacen especialmente populares y arrastran multitudes por esa capacidad innata de llegarles al corazón.

Esta posición también es muy favorable para los artistas que alcanzan éxito y reconocimiento gracias a su fecunda imaginación, sobre todo los que dependen totalmente del público, como actores y cantantes. En estas personas la madre, esposa, alguna otra mujer o la familia desempeñarán un papel muy importante en su destino y proyección social. Podría traer también inestabilidad o muchos cambios en el ámbito profesional y social.

Sylvester Stallone
Actor, guionista, productor y director de cine

Luna en Casa XI

Casa de amigos íntimos y verdaderos, de grupos, de asesores y maestros, guías y protectores, los padrinos, los apoyos, los proyectos personales, los clientes, los yernos y las nueras. Esta es una posición que facilita entablar muchas amistades, especialmente con mujeres o personas de un carácter sensible con el riesgo de que las mismas sean superficiales, variables o poco duraderas.

Personas populares entre sus amigos, brillan fácilmente a través de su sensibilidad, su lado caprichoso, su movilidad, su encanto coloreado de imaginación y su trato agradable y acogedor. Disfrutan compartiendo la cocina y la mesa con las amistades, a quienes les cocinan con mucho placer, inclusive a sus clientes. Con frecuencia tienen muchos conocidos, pero pocos amigos verdaderos, sobre todo si la Luna se encuentra afligida.

De igual forma consideran a esos pocos amigos como su verdadera familia, dando más importancia a los lazos espirituales que a los de sangre. Es una posición que inspira una gran simpatía por los sentimientos de los demás y un sincero interés por su bienestar. En algunos casos la pareja aportará los hijos o pueden decidir tener hijos adoptivos.

En lo que se refiere a proyectos, estas personas albergan en su corazón ilusiones y deseos de carácter imaginativo y cambiante. En lo profesional ganan favores y, si trabajan en equipo, seguramente serán la persona seleccionada por su amabilidad para contactar nuevos clientes.

Jiddu Krishnamurti
Escritor y orador en materia filosófica y espiritual

Luna en Casa XII

Casa de lo oculto, lo secreto, el inconsciente, encierros o aislamientos, hospitalizaciones, encarcelamientos, enemigos ocultos, dolor y sufrimiento.

Aquí la Luna favorece las ocupaciones retiradas de la gente, facilita el desarrollo de capacidades místicas y es probable que sientan un gran interés por los asuntos espirituales. Personas que les resulta difícil mostrar sus emociones y sentimientos o simplemente consideran que no deben ser mostrados. En cualquier caso, experimentan sus emociones internamente y no pueden exteriorizarlas por lo que resulta difícil saber su estado de ánimo.

En esta posición, la Luna estimula el mundo inconsciente de la persona, que es especialmente poderoso o dominante. Poseen una fértil y viva imaginación, así como un psiquismo muy fuerte que absorbe como una esponja los sentimientos y emociones de los demás. En muchos casos es una ubicación que puede favorecer facultades místicas, psíquicas, espirituales y paranormales como la intuición, la capacidad de ser médium, la visión astral o los sueños premonitorios, por lo que es muy favorable para ayudar a servir a los semejantes y excelente para todas las actividades y profesiones relacionadas con ello, tales como médicos, psicólogos, videntes, ocultistas, sacerdotes, astrólogos. También propicia el éxito y la capacidad para los trabajos relacionados con instituciones de beneficencia: asilos, hospitales, organizaciones humanitarias.

Con la Luna afligida podría haber peligro de confinamiento, escándalos o enfermedades crónicas paralizantes. Pudieran existir relaciones con la madre o la familia que dejan una huella negativa en el recuerdo de la persona.

William Blake
Poeta, pintor y grabador británico

MERCURIO EN LAS CASAS

Vilma Salazar

El símbolo de Mercurio representa la inteligencia sobre el espíritu venciendo la materia.

Es el primer planeta con respecto al Sol y el más pequeño en orden de distancia y tamaño del sistema solar.

Orbita alrededor del Sol en 88 días.

Gira alrededor del zodiaco en 365 días porque retrograda tres veces en el año.

Domicilio/Regencia: Géminis y Virgo
Exaltación: Virgo
Exilio: Sagitario y Piscis
Caída: Piscis
Gozo: Casa I
Tristeza: Casa VII

En la mitología griega, a Mercurio, hijo de Zeus y Maya, se le conoce como Hermes, el mensajero de los dioses, el psicopompo, el que conduce a las almas a su destino final, al inframundo; también es conocido como el dios del comercio y de las fronteras, protector de los ladrones y mentirosos debido a su gran elocuencia.

En la carta astral muestra la capacidad intelectual del nativo, el intercambio de ideas, los estudios y el aprendizaje del individuo. Sus distintivos son: el casco, emblema del viajero; las sandalias aladas, simbolizan la velocidad de la entrega del mensaje y el caduceo de olivo, que representa al heraldo o embajador.

Mercurio en Casa I

Sabemos que la Casa I se refiere a la personalidad, a la imagen y los planetas aquí ubicados influencian en el diseño físico del individuo.

Estas son algunas actitudes y rasgos característicos de un Mercurio en esta Casa: habilidad mental, comunicación verbal gesticulada, agilidad, astucia, sagacidad, espontaneidad, expresión verbal y corporal fácil y fluida, ingenio, inteligencia, versatilidad y creatividad, razonamiento lógico y elocuente, intranquilidad mental e inestabilidad o variabilidad emocional, desfachatez, charlatanería, descaro e insolencia.

Cuerpo de contextura delgada, frente amplia o prominente, manos delgadas y dedos largos o artísticos, rasgos faciales finos, mentón pequeño, ojos vivaces, expresivos e indagadores, curiosidad innata.

De niños suelen avanzar muy rápido, hablan y caminan a temprana edad y de adultos son muy elocuentes, probablemente elegirán actividades artísticas, intelectuales o comerciales, destacando como maestros, abogados y pensadores, entre otras.

Podrían ser hermanos mayores y manejar buenas relaciones con sus hermanos y vecinos.

También da movimientos o traslados y viajes cortos a lo largo de la vida.

45

Anatómicamente, Mercurio impacta sobre la salud en los siguientes órganos y/o sistemas: el sistema respiratorio, pulmones y bronquios, cuerdas vocales, área del lenguaje, ligamentos y tendones, brazos y manos, conexiones neuronales, sistema nervioso, discos y espacios intervertebrales y los intestinos.

Mahatma Gandhi
Político, abogado, pacifista del movimiento de
independencia de la India

Mercurio en Casa II

Da nativos con interés en asuntos financieros, habilidad para administrar su propio negocio o el de los demás. Paso firme y seguro al momento de disponer de su conocimiento especialmente en el área comercial o administrativa, fértil en las ideas y en su implementación una vez esté convencido de su ejecución.

Podría dar diversas formas de generar recursos económicos en el área intelectual, artística y creativa como, por ejemplo, escritores, periodistas, novelistas, poetas, productores, ya que pueden y saben aterrizar las ideas sin prisa, pero sin pausa.

Emily Dickinson
Poeta

Mercurio en Casa III

El emplazamiento de Mercurio en Casa III da poderosos beneficios al nativo por estar en su sector natural de la carta, esto potencia las características y los atributos naturales del signo de Géminis, todo lo relacionado con la educación, el aprendizaje y en general todo tipo de facultades intelectuales y artísticas son desarrolladas natural y fluidamente.

El nativo nacido con Mercurio en este sector es multifacético, puede hacer y aprender muchas cosas, pero sin profundizar en los detalles. Amante de los viajes cortos, posiblemente conserva los amigos de colegio, se relaciona bien con los hermanos y vecinos, gusta de la literatura, de conocer y aprender otros idiomas, se le hace fácil el manejo de las redes sociales y de los medios de comunicación, buscará la forma de hacerse escuchar entre su entorno más cercano.

Si el nativo no tiene un norte claro en la vida podría llegar a pasar por una persona cansona, mitómana, generadora de chismes y mentiras de manera compulsiva y patológica.

También puede dar personas pesimistas, ansiosas, naturalmente nerviosas, de condición dubitativa, rumiadores de múltiples pensamientos que no conducen a una concreción definitiva.

Rocío Jurado
Cantante

Mercurio en Casa IV

Los nativos nacidos con Mercurio en Casa IV figuran en un hogar lleno de información verbal, escrita o digital, padre o madre con tinte intelectual que darán a sus hijos suficiente estímulo para el desarrollo del conocimiento. Su hogar es un centro de estudio concurrido, de intercambio de ideas, libros por doquier, de cocina, de cuidado de la salud, revistas, instructivos de educación, sistemas digitales, laptops, teléfonos, etc.

Desde muy niño desarrollará buena comunicación con los demás miembros de la familia, buscará indagar sobre sus ancestros hasta llegar a completar el árbol genealógico y así tener claro sus orígenes para poder contarlo con orgullo a su descendencia; también suelen ser apegados a las tradiciones familiares.

Puede darse el caso de múltiples mudanzas por motivos intelectuales, por cambios de actividades sociales o comerciales.

Siendo la Casa IV una Casa de finales, la persona podría tener un tiempo final de muchas horas entre libros y amigos intelectuales.

Pablo Picasso
Pintor y escultor

Mercurio en Casa V

La Casa de la creatividad, de los artistas, de los hijos, de los noviazgos, de los juegos de azar, ocupada por el planeta Mercurio da para mucho.

Es vasto y amplio un Mercurio en Casa V. La creatividad se expande dando paso a la diversidad, incluso en tiempos de ocio, pero eso sí, desde esta Casa la condición es brillar, el histrionismo marca la pauta en todo su esplendor.

Un nativo con este emplazamiento procurará llevar su expresión intelectual a su máximo brillo, ¿cuánto es el máximo? dependerá de sus condiciones, vale destacar que éstas se refieren a ocho circunstancias que cita el astrólogo español Abraham Ben Ezra en el libro sobre los juicios de las estrellas: "Juicio general anula el particular". La primera condición dependerá de la religión, la segunda de la raza, la tercera de los juicios generales que determina la conjunción mayor Júpiter-Saturno para cada una de las ciudades, la cuarta dependerá de la revolución del año del lugar, la quinta de la familia del nativo, la sexta respecto al rey o gobernante, la séptima considera el tiempo meteorológico y la octava habla del carácter del nativo.

En todo caso, el individuo se entregará a experimentar diversas actividades intelectuales que lo conduzcan al estrellato para sentirse como primer actor y no como actor de reparto, por ejemplo, ser escritor, pintor, director de cine o teatro, actor, diseñador de moda, maestro, en fin, un creativo multifacético que desea alcanzar el reconocimiento social.

Podríamos decir que la sensación de aventura invita a la persona a poner en riesgo su propia estabilidad en el amor, en los proyectos, en sus ahorros, en los bienes familiares. En ocasiones se pondrá en la difícil situación de elegir entre dos amores, dos personas, dos proyectos, dos trabajos, dos lugares.

William Blake
Poeta, pintor y grabador británico

Mercurio en Casa VI

Siendo Mercurio regente de la Casa VI invitará al nativo a cuidar de su salud, a vigilar con sumo detalle los hábitos alimentarios, a ser autocrítico de sus rutinas laborales y personales a fin de no descuidarlas por ser estas partes del día a día.

Con este emplazamiento, el nativo examinará de forma exhaustiva los detalles en todos estos ámbitos de su vida con el objetivo claro de mantener un cuerpo saludable; en su afán de ser preventivo puede caer en el extremo de sufrir trastornos hipocondriacos llegando a creer firmemente ser víctima de alguna enfermedad.

Mercurio afecta biológicamente al sistema respiratorio, los pulmones y bronquios, además de las cuerdas vocales, el área del lenguaje, ligamentos y tendones, brazos y manos, conexiones neuronales, sistema nervioso, discos y espacios intervertebrales y los intestinos.

En lo laboral puede dar profesionales en el área de la salud. Su agudeza mental lo lleva a observar los detalles por minúsculos que estos parezcan. Algunas de las profesiones a destacar: médico, psicólogo, terapeuta, nutricionista, enfermera, camillero. También podría generar inestabilidad laboral y cambios de trabajo.

Carl Gustav Jung
Médico psiquiatra, psicólogo y ensayista

52

Mercurio en Casa VII

Estimula las asociaciones e intercambios intelectuales, bien sea a través de socios o matrimonios el nativo ve la oportunidad de conectar, de crecer con el otro, e inspirado en ese ideal decide surfear la ola mercurial de las relaciones interpersonales a sabiendas de que la marea, en sus diferentes intensidades, podría arrastrarlo hasta la playa nuevamente, acarreando con ello la tan temida pérdida de equilibrio que representa la balanza, implicando separaciones y nuevos comienzos como, por ejemplo, segundas nupcias.

La tendencia es a relacionarse con gente jovial, inteligente, hábil, astuta y de menor edad; las relaciones están enmarcadas sobre la adaptabilidad en el entorno, se mimetiza socialmente de acuerdo con las circunstancias y en los procesos judiciales podrían tener buenas resoluciones concluyendo en acuerdos.

John Lennon
Artista, músico, cantautor, compositor y productor

Mercurio en Casa VIII

La Casa de la muerte, los cambios y transformaciones profundas y trascendentales, ocupada por Mercurio, trae consigo una mente obsesiva, imaginación aguda y misteriosa, hurga en lo más profundo, los misterios y los temas tabú pueden ser develados de forma aparentemente cruda e insensible. Las ciencias ocultas, la muerte, el sexo, las mafias, el pensamiento científico y todo lo que no entendemos del más allá se indaga sin menoscabos.

El nativo profundiza y analiza procesos de la psiquis humana con agudeza y veracidad insospechable. Este emplazamiento podría dar estudiosos de la psicología, de la psiquiatría, de la antropología en cualquiera de sus ramas, médicos forenses, detectives e investigadores y hasta cineastas.

Sam Peckinpah
Director y guionista de cine, televisión y teatro

Mercurio en Casa IX

Mercurio en la Casa de la expansión, de los estudios superiores y el extranjero, nos habla de una psiquis de carácter flexible e ilimitada, de ideales filosóficos, religiosos y políticos renovables y cambiantes que trascienden las fronteras naturales de la mente. De carácter optimista, franco, de inteligencia expansiva, pensamiento abstracto, concreto y trascendental, buscadores de la verdad y la justicia.

El nativo está ávido de aprendizaje vivencial, deseoso de relacionarse con el mundo exterior, de aprender nuevas culturas e idiomas, de viajar por el mundo invadiendo su mente de conocimientos a fin de enseñar a través del ejemplo aplicado para dejar un gran legado a la humanidad.

Galileo Galilei
Astrónomo, ingeniero, y físico

Mercurio en Casa X

La Casa del destino y el éxito profesional, desde aquí el nativo hará públicos y socialmente notorios sus alcances.

Un Mercurio impregnado de disciplina, orden, ideas concretas y ambiciosas, puede marcar un liderazgo ingenioso y de avanzada; las personas destacan por su inteligencia, astucia y pensamiento calculado y medible.

Podemos ver profesionales de toda índole en el mundo de las ideas estructuradas, tales como: intelectuales, científicos, diplomáticos, dueños de empresas y corporaciones multinacionales, juristas, embajadores, comerciantes, periodistas, escritores, reyes y jerarcas, etc.

Elon Musk
Físico, inventor, cofundador de PayPal y SpaceX

Mercurio en Casa XI

La Casa de los amigos; la mente original e innovadora denota un individuo lleno de matices, de inteligencia cognitiva, intuitiva y hasta autodidacta, amante de entregar el conocimiento a manos llenas sin discriminación social.

La energía grupal lo estimula en su creatividad y amplitud de pensamiento. La amistad, fraternidad universal, solidaridad y humanismo son elementos que lo enriquecen como persona individual.

Audaz e irreverente para confrontar las ideas y los cambios de paradigmas, busca avanzar en lo social a fin de dejar una impronta en el colectivo que refleje la importancia del pensamiento vanguardista, que altere y rompa las estructuras tradicionales de las viejas y obsoletas creencias para darle paso a la modernidad del pensamiento futurista y lograr fines comunitarios que expandan la importancia del pensamiento liberal.

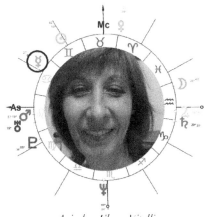

Ariadna Flores Vitelli
Química, investigadora, astróloga, maestra de
Astrología

Mercurio en Casa XII

El mensajero de los dioses en la Casa de la espiritualidad, de las reclusiones, de las actividades místicas privadas y de grupos, de las enfermedades crónicas, de los enemigos ocultos y de los banqueros, puede referirnos a nativos que, posiblemente del tiempo de gestación o de su niñez, lleven consigo improntas traumáticas que le generen dificultad para expresar sus ideas concretas, con algún tipo de retraso para el aprendizaje y el lenguaje.

Sin embargo, este emplazamiento puede dar un mundo rico de ideas creativas, sensaciones y conexiones sutiles en planos y dimensiones superiores, generando personas místicas, espirituales, sanadores, poetas, músicos, psicoanalistas, banqueros y en otro orden, adictos de cualquier índole, particularmente a sustancias psicotrópicas por patologías frecuentes.

El nativo debe procurar cuidar su salud a fin de evitar enfermedades de larga data.

Una de las formas de disfrutar de ese espacio de soledad que ofrece la casa XII tiene que ver con conectar con lo más íntimo del fuero interno a través de las prácticas de la meditación y la respiración consciente, esto permite estimular el sistema inmunitario y elevar las defensas, además de expandir la consciencia.

Con este emplazamiento, el nativo puede descubrir mucho de sí, ya que su visión es más psíquica y profunda, desde esa perspectiva analiza y siente su entorno, conecta con facilidad con la naturaleza, disfruta del silencio, de los pequeños detalles, del canto de las aves, de la brisa, de la música y de la libertad que implica dejar volar la imaginación.

Toda actividad que inspire sentimientos sublimes como la paz, el amor y la compasión, será de gran utilidad para el nativo, ya que lo ayuda a mantener una buena fuerza interior y a su vez le evita caer en pensamientos y emociones derrotistas de abandono, autocompasión y autoindulgencia desperdiciando la magia del encuentro consigo mismo que le proporcionaría una energía tan sublime como poderosa y sanadora.

Johann Sebastian Bach
Compositor, organista, violinista y director de orquesta

VENUS EN LAS CASAS
Patricia Molina

El símbolo de Venus representa el espíritu venciendo la materia.

Segundo planeta del sistema solar. Orbita alrededor del Sol en 225 días.

Gira sobre su eje al revés que todos los planetas y su día dura 243 días terrestres.

Domicilio/Regencia: Tauro y Libra
Exaltación: Piscis
Exilio: Aries y Escorpio
Caída: Virgo
Gozo: Casa V
Tristeza: Casa XI

Venus es la diosa del amor, la belleza y la fertilidad en la mitología romana, Afrodita en la mitología griega.

Se le atribuyen varios orígenes siendo el más aceptado el que señala su nacimiento de los testículos de Urano unidos a la espuma del mar, lanzados al océano por Saturno, su hijo castrador.

Se casa con Vulcano, el dios de los metales y del fuego de los volcanes, pero es amante de Marte de quien se enamora perdidamente y sostiene una relación que la lleva a sentir celos y la necesidad de vengarse de cuanta mujer se le acerca. Son los padres de Cupido e Himeneo que en la mitología griega se conocen como Eros y Anteros. Adopta a Adonis siendo un bebé pues queda profundamente enamorada de su gran belleza.

Venus en Casa I

Venus en esta Casa, original de Aries, despierta toda su gracia para atraer a la persona de quien se ha encantado. Deja fluir sus deseos, puede llegar a confundirlos con el amor más puro y genuino.

Odia estar sola y puede despertar una búsqueda compulsiva para atraer el amor.

El mundo la ve como una persona sensual, atractiva y deseable, capaz de dar placer sexual y buena compañía. Pueden ser personas que esconden sus propias necesidades para retener con sus encantos a la persona que encarna sus más grandes deseos. No soporta el abandono, pasa por encima de sí misma y lucha a muerte con quien le arrebate al ser que ama.

Son buenas personas, amables y con un sentido claro frente a la amistad. Pueden terminar siendo los mejores amigos de sus exparejas. Esto es una forma más de no aceptar el abandono y de permanecer de alguna forma entregándose a la persona amada.

Debe estar alerta frente a síntomas como retención de líquidos, aumento o pérdida de peso.

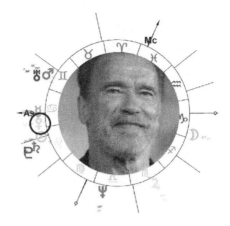

Arnold Schwarzenegger
Actor, empresario, político y exfisicoculturista

Venus en Casa II

Es una Venus que siente placer con sus posesiones. Sus pertenencias le dan seguridad. Le gusta invertir en obras de arte, en lugares con naturaleza y donde la belleza y la estética se vean a primera vista. Le atraen los regalos y si son costosos y de buen gusto mucho mejor.

Las joyas son parte de sus anhelos y las luce con especial esmero, más aún si son de piedras preciosas, son su fascinación tanto si las puede lucir como si las quiere obsequiar.

Puede ganar dinero trabajando con tratamientos de estética, siendo representante de artistas y de galerías de arte.

Suele tener un rotundo éxito con trabajos en bienes raíces, como promotor de espacios lujosos y grandes mansiones, consiguiendo vivienda para los artistas y personajes famosos, ya que siente que se impregna de su fama.

Gana notoriedad fácilmente y le encanta ser popular y tener admiración por lo que posee, lo que luce y cómo lo luce.

Le gusta la buena comida y los sitios elegantes.

Carlos Gardel
Cantante, compositor y actor de cine

Venus en Casa III

La popularidad en la juventud es uno de los deleites de Venus en esta Casa.

Se comunica fácilmente y suele ser la persona que anima, impulsa, canta y brinca en las fiestas y reuniones. Le encanta sobresalir y ser tenida en cuenta por su capacidad de jugar y reír, así sea mayor. Disfruta las fiestas, la rumba, el bullicio y promueve cualquier tipo de actividades donde puedan estar sus amigos y los amigos de sus amigos.

Se desafía intelectualmente en el estudio y el aprendizaje de la primera etapa estudiantil y si además tiene atractivo físico se sentirá un ser muy afortunado.

Las relaciones con hermanos, primos, compañeros de estudio, vecinos, amigos de su misma generación son muy cercanas y fluyen dentro de un espacio de armonía. Puede tener relaciones de amor con alguna persona de estos círculos.

Tiene una gran simpatía y muchos caerán cautivados por su locuacidad y fascinante aspecto.

Son personas que necesitan manifestar cariño, tratan a las personas con afecto, les importa lo que les pase a los otros.

Tiene el impulso de negociar con todo lo que le atrae. Frente a algo fascinante en su mente vislumbra el posible negocio y sabe a qué personas les va a vender su producto. Según los aspectos que tenga con otros puntos de la carta puede ser excelente en las ventas y en la vida comercial.

Puede tener más de un amor al mismo tiempo, ingenuamente a ambos les hace creer con sus astucias y poder de enredar y decir mentiras que uno es amistad y el otro es el amor. Lo que realmente sucede es que ninguno de los dos sabe quién es quién.

Agatha Christie
Escritora y dramaturga

Venus en Casa IV

Lo más importante es su hogar, es donde se siente a gusto y el lugar que ama por encima de todo.

El hogar, en principio, es un concepto, es un sueño que quiere alcanzar desde la infancia. Después de que lo logra se convierte en el espacio y objeto de protección y máximo cuidado. Hace todo lo que esté a su alcance para que esté en armonía y que todos los que lo habitan se sientan tan cómodos que no se quieran ir de él.

Quiere que haya y se respire belleza, por eso se esmera en adornarlo, en tenerlo pulcro, con objetos que concuerden con su concepto de estética. Venus quiere tener una casa de revista, de concurso, por eso cualquier actividad que se realice en ella va a estar llena de color, de flores y manifestaciones de afecto y símbolos de armonía; siempre está atenta a todos los detalles para agasajar a sus visitantes. Quiere sobresalir por el buen gusto y por supuesto su apariencia física siempre va a estar acorde con el lugar que habita.

Es la persona que se preocupa por sus padres mientras viva en la casa familiar y una vez haya construido su propio hogar querrá que sea un vivo reflejo del de su niñez.

Presta atención a sus progenitores y los llena de detalles y cuidados hasta su final. Se encarga de estrechar lazos de amor con las personas con las que convive.

Venus en esta Casa busca el amor en personas que tengan características físicas o emocionales del padre.

Pasa por alto el ímpetu sexual para entregar todo su empeño en el amor por la familia. Es la persona que cocina y hace de sus creaciones culinarias verdaderas obras de arte.

Ama los quesos y en general todos los lácteos. En la canasta familiar no faltan estos alimentos y se esmera para que en las comidas haya abundante cantidad de alimentos, platos bien decorados y una mesa bien servida.

Diana Ross
Cantante y actriz

Venus en Casa V

En esta Casa Venus siente que puede mandar y ser escuchada. Su capacidad creadora y artística está acrecentada. Ama como nadie más el buen arte, la estética, la pulcritud y en todos sus actos está su sello personal. Le gusta el lujo en todas sus manifestaciones.

Su vida amorosa se mueve por la capacidad de disfrutar y admirar a la persona que ama. Puede exceder su admiración a tal punto que pasa por alto sus defectos, errores, malos comportamientos, etc.

Quiere para su vida el amor verdadero y la felicidad, si no lo logra, lo busca sin cesar hasta tal punto que puede caer, en esa búsqueda, en múltiples relaciones sin control ni filtro.

Una relación con una persona con Venus en Casa V está llena de sensualidad, pasión con amor, juegos amorosos y sexuales. Busca siempre motivos para hacer de cada día un momento especial. Son relaciones que pueden abrumar un poco y sin embargo nunca se olvidan.

Los hijos de una persona con Venus en Casa V son afortunados porque tienen siempre atención y respaldo en todos sus actos. Son padres que se esmeran por ser amorosos, expresan su afecto en todo momento y situaciones de la vida.

El juego para Venus en esta Casa es muy importante, tanto si es el juego por diversión como el juego de apuestas, cartas, dados. Le atraen los casinos tanto para apostar como para trabajar en ellos.

Walter Disney
Empresario, animador, guionista y productor de cine

Venus en Casa VI

No siente ningún deseo de ejercitar su cuerpo. Confía en la belleza y la agilidad de su

juventud, pero hay tendencia a aumentar de peso y tener desequilibrios metabólicos.

Disfruta de la buena comida y los licores.

En el trabajo es rutinario, detallista y meticuloso. Hace las cosas selectiva y cuidadosamente. Es bastante crítico y deja en claro siempre su posición.

Hace que su entorno laboral sea agradable. La organización de las reuniones de trabajo es su fuerte logrando sorpresas y curiosidades que llegan al alma de cada uno de los asistentes. Se enamora de su trabajo y de sus compañeros con quienes tiene buenas relaciones. Puede tener uno que otro romance con algún colega o ser objeto de persecución amorosa por parte de jefes o compañeros.

En cuanto a la salud tiene tendencia a sufrir intoxicaciones y a producir en el cuerpo reacciones químicas con algunos alimentos que pueden causar síntomas de envenenamiento. Debe tener cuidado con las enfermedades venéreas ya que en esta Casa es propenso a adquirirlas. Si Venus tiene asociación con Libra intervendrá en las glándulas suprarrenales, en los riñones o en los conductos, venas y arterias renales.

Anais Nin
Escritora

Venus en Casa VII

En esta posición Venus encuentra un espacio para sentir y buscar lo que quiere como complemento para su vida. No es fácil, ya que si pasa el tiempo y no lo logra se vuelve compulsiva y obsesiva, entonces tiene la tendencia a insinuar su necesidad a todas las personas que en su inconsciente siente que son las indicadas, lo que puede llevarla a vivir grandes desengaños, frustraciones y tristezas.

Le gusta el romance y la conquista. Vive soñando con la aparición de la persona amada y cuando aparece alguien suele ilusionarse rápidamente y espera comprometerse aún más pronto. Es muy importante tener alguien para compartir la vida. En una relación se convierte en una pareja amorosa y complaciente. Ante el compromiso, pone en juego toda la energía del amor, el deseo, la pasión y la belleza. Su objetivo es llegar al matrimonio y hacer todo lo posible por lograrlo.

No le gustan los conflictos por lo que siempre hace lo posible por suavizarlos y fomentar la armonía. Tiene relaciones en las que se cuida para no tener enemigos. En las sociedades comerciales adopta posturas de equilibrio frente a las opiniones y diferentes posiciones de sus socios.

Chales Chaplin
Actor, humorista, compositor y director de cine

Venus en Casa VIII

En esta Casa Venus tiene aumentada la libido. El amor es pasional y emotivo.

En su inconsciente puede tener el objetivo de encontrar relaciones estables, con un vínculo de por medio, sin embargo, es tanta su ansiedad que puede caer en relaciones clandestinas, donde el nexo está mediado por la palabra y un compromiso de equilibrio en muchos casos económico.

Da placer y pasión a cambio de permanencia en la relación. Se entrega a una vida sexual rica y gratificante, no exenta de romanticismo ni de escenas de posesión y celos, a veces enfermizos y destructivos. Es feliz mientras está con la persona amada y vive en un infierno de dudas y soledad cuando no está en su compañía.

Puede tener matrimonio por conveniencia económica y/o heredar del cónyuge y tener una vida equilibrada y llena de placeres.

Suele sentirse con poca o ninguna fortuna en el amor por lo que se esmera en ser buen y complaciente amante, aunque en su interior siempre está esperando que su entrega haga que la otra persona la considere imprescindible y se comprometa en una relación ciento por ciento segura. Es decir, pueden utilizar el sexo para chantajear o manipular. Son buscadas por su magnetismo y su sensualidad y por lo general para estar en la cama.

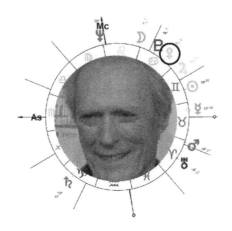

Clint Eastwood
Músico, compositor, actor, productor y director de cine

Venus en Casa IX

Amor por los viajes, sobre todo a destinos lejanos. Se enamora de los lugares que conoce, siempre quiere regresar.

Su capacidad de ensoñar es grandiosa.

Puede tener un buen trabajo o ejercer, por cuenta de su profesión, un buen desempeño en el exterior.

Si en la Casa VIII se siente desafortunado en el amor, en la IX siente el éxito en las relaciones sentimentales. Pueden ser personas que tienen una o más relaciones paralelas.

Le apasionan los temas espirituales y los estudia con dedicación de tal forma que se vuelven expertos y logran el éxito en la enseñanza y hacen que sus pensamientos filosóficos y altruistas se vuelvan parte fundamental de su docencia. Ama el estudio.

Se enamoran de las personas con las que pueden compartir sus pensamientos, su profesión y su aprendizaje, en muchas ocasiones de un extranjero, en un viaje e incluso casarse en un país foráneo.

Aman el arte y a los artistas, los libros y sus autores, las canciones y los cantantes.

Para esta Venus la belleza no está en el exterior sino en el contenido.

Si Venus está en el signo Sagitario siente necesidad de ser libre e independiente, de no tener relaciones que lo aten.

Brigitte Bardot
Actriz, cantante y escritora

Venus en Casa X

En esta Casa está el lugar en el que Venus desarrolla su profesión, donde hace evidentes sus pasiones y se esmera por cumplirlas.

Se enamora de sus pasatiempos. Dedica tiempo y esfuerzo a cumplir todo lo que alguna vez ha soñado.

Siente amor por la madre, sin embargo, no quiere depender de ella ni que ella sea dependiente.

Trabaja muy bien en equipo, tiene buenas relaciones con los colegas incluso puede encontrar el amor en uno de ellos.

Si llega a ser un buen profesional logra fama y una imagen pública muy importante. Las relaciones amorosas y sus matrimonios les sirven para apoyarse en el camino al éxito.

Buscan tener matrimonios estables. Pueden encontrar la estabilidad con personas mayores o personas un tanto tradicionales.

Si Venus se encuentra en conjunción con el Medio Cielo puede ser una persona destacada, pública y alcanzar fama en política o en el mundo del espectáculo.

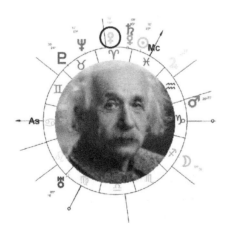

Albert Einstein
PhD y Premio Nobel de Física

Venus en Casa XI

La forma de disfrutar la vida está en el entorno social al que pertenece. Es una persona con múltiples compromisos y pertenece a grupos en los que es el centro de atención.

En la edad adulta puede llegar a ser una figura importante para la sociedad. Busca tener reconocimientos y beneficios producto de su profesión o de su imagen si es un personaje público. Eso sí, le encanta recibir manifestaciones de admiración ya sea por lo que hace o por lo que logra.

La amistad y los encuentros con personas de ideales afines pueden hacer que nazca el   afecto y se manifieste la sexualidad y la atracción no solo física sino también espiritual. Puede encontrar el amor en un amigo de los tantos grupos en que se mueve.

Los amigos que se logran en esta Casa pueden durar mucho tiempo; si provienen de grupos de trabajo, son pasajeros.

Aquí puede darse un trato amistoso que viene después del final de una relación amorosa. Es una forma de continuar un compromiso de lealtad y pasar por alto los problemas que llegan a considerar mínimos frente al valor de la amistad.

Vínculos que nacen de una primera atracción y antes de terminar en una relación amorosa se dan cuenta que es más importante ser amigos y confidentes de por vida que ser amantes o esposos por un rato.

Para Venus en esta Casa es importante el equilibrio en todo tipo de relaciones.

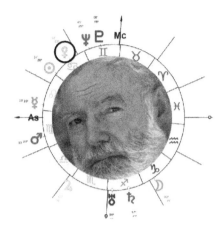

Ernest Hemingway
Escritor y periodista

Venus en Casa XII

Está en una Casa donde guarda las expresiones de amor. Se muestra con reserva y precaución porque tiene miedo al dolor y al sufrimiento.

Siente soledad, pero no actúa, no hace nada para salir de ese estado.

Tiene amores platónicos, seres que solo están en su imaginación o son inalcanzables.

Se enamora perdidamente, con delirio e ímpetu. Es una pasión que guarda en silencio.

Se autosatisface antes de dejar ver sus necesidades sexuales.

Busca amores que estén lejos. Mantiene relaciones con personas que trabajan en lugares de aislamiento.

Tiene vocación de servicio. Siente que debe dar de sí mismo y eso es amor puro, tanto que puede renunciar a una persona amada por su capacidad de entrega y sacrificio.

Puede trabajar en hospitales, sanatorios, cárceles. Además de enamorarse de su labor tiende a enamorarse de compañeros con los que comparte su misión.

En esta Casa también está la posibilidad de tener amores prohibidos, clandestinos, mediados por el sacrificio y la entrega incondicional. Son relaciones en las que pueden ser abusados por parte de personas en posiciones de poder.

Le cuesta trabajo aprender de sus errores y a veces parece que le gusta sufrir y elegir situaciones, una y otra vez, en las que no parece evolucionar.

Gabriel García Márquez
Escritor, guionista, editor y periodista

MARTE EN LAS CASAS

María Argelia Jaspe

Escudo y lanza de Marte. El poder del espíritu impulsa a la acción. Género masculino.

Cuarto planeta en orden de distancia al Sol. Orbita alrededor del sol en 687 días.

Domicilio / Regencia: Aries y Escorpio
Exaltación: Capricornio
Caída: Cáncer
Exilio: Tauro y Libra
Gozo: Casa VI
Tristeza: Casa XII

Marte en Casa I

Evidenciará cualidades como la iniciativa, ser pionero, vehemente en sus puntos de vista, rápido en sus movimientos, ágil, con coraje, entusiasta, que no teme afrontar peligros, impaciente. Gusto por deportes y ejercicio en general.

Personalidad recia, varonil, gran autoconfianza, con vitalidad y capacidad para emprender acciones positivas o negativas, dependiendo de otras configuraciones y aspectos.

Necesidad de explorar el propio potencial en niveles mundanos, intelectuales o espirituales. La acción los mueve, no les basta ser simples espectadores, necesitan involucrarse y tomar la iniciativa. Dispuestos a la impulsividad, audacia, valentía, fuerza física e inclusive violencia si la energía está mal direccionada. En algunos casos son egoístas y con necesidad de reconocimiento, cosa que generaría conflictos en sus relaciones. Cuando expresan sus afectos son directos y sinceros y buscan relaciones con libertad, sin ataduras.

Físicamente, suelen tener aspecto fuerte, con tono muscular, en ambos sexos. Sufren marcas, cicatrices o lunares en la cara. Tienen tendencia a sufrir de migrañas o golpes en la cabeza, región anatómica regida por Marte.

Mal aspectado, sobre todo cerca del Ascendente, propicia vicios, excesos, violencia y agresividad, individuos coléricos y hasta peligrosos si no se canaliza esa energía. Búsqueda de riesgo y adrenalina que no los deja pensar las cosas antes de hacerlas, con los riesgos que implica. Pueden estar expuestos a accidentes y, en caso extremo, a morir por heridas cortantes.

No les importará enfrentar los desafíos por más difíciles que sean, riesgo y aventura están en su esencia, son trabajadores, ambiciosos. Si aprenden a dosificar las energías pueden llegar lejos. En algunos casos, esta configuración impulsa intolerancia, malhumor, irritación e ira.

Personas eficientes, direccionan la energía a la consecución de metas, sin miedo a enfrentar retos. Aparece en deportistas, montañistas, paracaidistas, toreros, boxeadores, automovilistas de fórmula uno, militares, policías, en todas aquellas actividades que impliquen adrenalina.

Siempre en acción y a veces hasta dictatorial. Con actitud de lucha, nada lo detiene. Altamente competitivo, a veces hasta temerario. En el área laboral puede ser muy favorable para nuevos emprendimientos y actividades, tiene confianza en sí mismo y capacidad de liderazgo, pero debe vigilar cómo lo dosifica para no cometer excesos.

Winston Churchill
Primer ministro del Reino Unido en dos períodos
1940-45 y 1951-55

Marte en Casa II

No se halla muy cómodo, los esfuerzos y energía están concentrados en conseguir recursos materiales y cuando no lo logra puede haber insatisfacción. Busca reafirmarse en los bienes tangibles, dinero y posesiones en general, demostrando que es capaz y que puede obtenerlos.

En su acepción negativa, conduce al materialismo y a valorar a los demás por lo que tienen. Impulso y necesidad de amasar bienes, impaciencia por lograrlo. Tienen iniciativa para los negocios que, si la direccionan correctamente, puede llegar a generar mucho dinero. Competitivos en lo económico. Favorece obtención de riquezas con esfuerzo y riesgos.

De la misma manera que producen dinero, lo gastan. Mal aspectado, despilfarro y ambición desmedida, y a pesar de haber trabajado mucho y ser exitosos, terminan en la ruina.

Podría haber conflictos cuando ven sus intereses afectados, al no controlar el enojo pueden tirar todo por la borda e incluso dañar a seres queridos. Por eso es mejor no mezclar comercio con afectos a menos que existan aspectos armónicos.

Muchos trabajan en ocupaciones relacionadas con bolsa de valores o en inversiones arriesgadas. Buscan enriquecerse rápidamente por lo que no dan el tiempo necesario para construir un patrimonio seguro. Los ingresos pueden venir de actividades relacionadas con deportes o milicia. Es común encontrar personas que han ganado mucho dinero y luego endeudados o arruinados, empezando de cero, tenazmente, porque se crecen en las dificultades.

Marc Edmund Jones
Escritor, guionista y astrólogo

Marte en Casa III

Potencia la agilidad mental y física. En algunos casos, la comunicación puede tornarse directa y hasta agresiva, sin filtro. Expresan y sostienen vehementemente sus opiniones, así tengan que pelear con el mundo entero. Necesitan llamar la atención con sus ideas y pueden ser sarcásticos. Prolíficos intelectualmente, manualmente hábiles.

Gusto por la velocidad y competitividad en todas sus expresiones: caminata, atletismo o carreras de autos. Deportes al aire libre logrando reconocimientos.

Su palabra suele ser aguda, directa, afirmando convicción, cualidades de mucha utilidad en líderes de grupos o motivadores, buenos jefes, enérgicos, escritores, políticos, periodistas y politólogos.

Atraen para sí saber, nutrición intelectual, ingenio y polémica. Cuando esta inarmónico puede dar imprudencia verbal, expresión hiriente y verborrea.

Toda una proeza el encontrar el equilibrio entre reprimir lo que piensan o decirlo sin censura generando conflictos.

Relaciones con hermanos, vecinos y entorno cercano que pueden ser conflictivas o estresantes. Habría rivalidades con hermanos y en caso de malos aspectos, hasta distanciamientos.

Alta posibilidad de tener aventuras y amantes a lo largo de la vida. Viajes cortos numerosos y con tendencia a accidentes. Amor a la adrenalina al conducir, pero hay que ser cauteloso porque puede terminar muy mal.

Victor Hugo
Poeta, dramaturgo y novelista romántico

Marte en Casa IV

Refleja la necesidad de proteger la vivienda de cualquier agresión externa, como si fuera un fuerte al que hay que defender.

Puede traer desavenencias con padres y núcleo familiar al pretender imponer criterios y puntos de vista. Con malos aspectos, infancias muy difíciles, con maltrato que generalmente deja una huella de por vida, manifestándose con miedos, ansiedad, depresión. Las tensiones en el hogar o peleas entre los padres dan lugar a una niñez con frustraciones y rabia contra la familia. En la adultez expresan su atormentado pasado con problemas para relacionarse, siendo hostiles, defendiendo su territorio hasta con violencia. Si está afligido, puede haber pérdida prematura o violenta de alguno de los padres.

Indica agitación, conflictos, esfuerzos en la última etapa de la vida. A veces, es necesario migrar, alejarse de los orígenes para hallar armonía.

Manuel Benítez "El Cordobés"
Torero

Marte en Casa V

En la Casa de la creatividad se siente con mucho entusiasmo, espontáneo, con ganas de hacer cosas. Puede dar una estrecha relación con artes escénicas, grandes actores que demuestran todo su potencial y originalidad.

Favorece afición por la actividad física, deportes de alta competencia como atletismo, tenis, boxeo, ciclismo, alpinismo, esquí sobre nieve. Hay necesidad de destacarse, de expresarse, de tener reconocimiento y ganar un premio.

Cuando son profesores ejercen la docencia con pasión, pudiendo ser muy divertidos y ocurrentes debido al impulso que les brindan los alumnos que son su gran público.

A lo largo de la vida, predispone a vivir romances apasionados con personas muy diferentes. Pueden ser buenos amantes, muy creativos en la intimidad, siempre dispuestos a hacer cosas nuevas, pero la infidelidad de algunos les causa inestabilidad afectiva. Da relaciones fugaces, ardientes, con componentes de celos, posesión, que terminarán mal si está mal aspectado.

Les encanta mandar, ser valientes y decididos, llegando al autoritarismo. Disfrutan desplegando energía física y corriendo riesgos.

Algunos tienden a los juegos de azar, a la especulación financiera, dependiendo de sus aspectos pueden ganar o perder.

No es una posición favorable para los hijos y en caso de tenerlos no serán muchos. Si los hay, pueden ser deportistas. Si recibe malos aspectos, hay posibilidad de relaciones conflictivas con los hijos quienes muestran rasgos de rebeldía hacia la autoridad.

Miguel de Unamuno
Escritor y filósofo

Marte en Casa VI

Excelente posición domal que aporta confianza en sí mismo, energía con nerviosismo. Buscan trabajos con adrenalina en donde puedan demostrar sus habilidades, muy competitivos, procuran llegar a la cima con disciplina, concentración y fuerza. Tal despliegue de energía puede ser agobiante para el nativo y para sus colaboradores, hay que aprender a canalizarla para evitar caer en autoritarismo que tense el ambiente laboral.

Gusta trabajar a su ritmo y le costará mucho hacer equipo, bien porque quiere hacer las cosas a su modo o porque no querrá esperar a otros para avanzar. Complica la vida profesional en relación de dependencia o como asalariado, en algunos casos obstaculiza la continuidad laboral y el lograr antigüedad en una misma empresa. Pueden existir conflictos con superiores o con subordinados ya que es independiente, combativo y exigente. En momentos difíciles se crecen dando lo mejor de sí mismos, logrando el reconocimiento hasta de sus adversarios. Si está bien canalizado genera una persona pionera en el ámbito laboral, trabajadora, que no le importa hacer todo tipo de tareas por muy duras que parezcan, manejando muy bien el estrés, pero mal encauzado puede dar carácter agresivo, con rivalidades, enfrentamientos y propenso a la delincuencia si está muy afligido.

Casi siempre tendrán trabajos muy demandantes con derroche de energía. Pueden agotarse, pero se recuperan rápido.

Se preocupan por su cuerpo y cuidan de su condición física haciendo ejercicio, además de mantener una buena alimentación. Las enfermedades de esta posición se asocian al trastorno de ansiedad, fiebres, heridas, lesiones, quemaduras, accidentes. Sin embargo, como tienen mucha vitalidad, estas enfermedades duran poco. Hay tendencia a accidentes laborales particularmente con objetos filosos o punzocortantes y golpes en la cabeza.

Generalmente laboran con instrumentos afilados, herramientas o maquinaria sofisticada por lo que destacan las profesiones de médicos cirujanos, mecánicos, bomberos, policías.

Pueden involucrarse afectivamente con compañeros de trabajo o subalternos.

Nicolás Copérnico
Astrónomo del Renacimiento

Marte en Casa VII

Su influencia a través de los otros, pareja y socios es fuerte, arrojada, se nota mucho, abierta, directa, busca compartir, pero a veces desde la imposición generándose conflictos. Se sugiere vigilar que esas tensas situaciones no se descontrolen privilegiando el conectarse con el lado positivo de esta posición.

Otra manera de canalizar esa fuerza vital es practicando deportes como artes marciales, danza y todo tipo de expresión corporal. Muchos artistas se expresan y reafirman haciendo teatro u otras manifestaciones artísticas que comparten con el público.

Dependiendo del signo que ocupe Marte puede haber asertividad en diplomacia, negociación, conciliación y resolución de problemas logrando entendimientos entre partes irreconciliables.

En su parte negativa, puede atraer personas conflictivas, discutidoras.

El comportamiento irreflexivo en las relaciones es fuente de conflictos con los otros. A veces le cuesta encontrar el equilibrio al estar en continua competencia. Generan vínculos para actividades y pasiones.

Tendencia a matrimonios precipitados, a temprana edad, amores apasionados e intensos que después no tienen el resultado esperado. Afán de hacer las cosas rápido y a su modo. Si el planeta esta afligido puede traer viudez, discordias, divorcios, rupturas, separaciones.

Albert Einstein
PhD y Premio Nobel de Física

Marte en Casa VIII

En su antiguo domicilio, Marte se siente cómodo y poderoso, puede atenuar sus connotaciones negativas, dependiendo de la aspectación.

Los nativos tienen mucha energía, determinación, sentido de logro y propósito. Hipersexuales. Lo que se proponen lo logran para bien o para mal. La pasión los consume, buscan el placer, por ello pueden ser muy buenos amantes. Si está afligido puede propiciar violencia, lujuria y hasta agresividad relacionada con delincuencia o crimen organizado, abusos sexuales, traición y todo tipo de pérdidas.

Relación estrecha entre el poder y el dinero, muy probable que administren sus propios bienes, los del cónyuge y socios de manera autosuficiente. No obstante, dificulta integrar la opinión de los otros en esta administración y provocar confrontaciones. Puede producir un matiz de comprador compulsivo gastando más de lo que tiene, pero dependerá de si Marte esta afligido.

Suele dar economistas, contadores, banqueros y nativos que trabajan en bolsa de valores, en inversiones de todo tipo. También esta posición da litigios por herencias familiares.

Otra faceta es lo esotérico, místico, poder psíquico, necesidad de desarrollar esas facultades buscando sus propios dones. Pueden temer a ese poder y más bien lo rechazan como si temieran "descubrir" ese potencial. Habilidad para desnudar el alma de los demás, desarrollada intuición y especial habilidad para intuir los peligros.

Un grupo de nativos con esta posición no puede evitar la expresión de sus deseos y la necesidad de poseer, incluso con celos; otro grupo es de carácter reservado. A veces pueden pasar por encima de los derechos de otros generando discordias. Les cuesta mucho aceptar ayuda porque lo quieren controlar todo.

Mal configurado puede dar muerte repentina, enfermedades a temprana edad, asimismo sobrevivir a accidentes, a ataques delincuenciales, situaciones violentas de cualquier tipo.

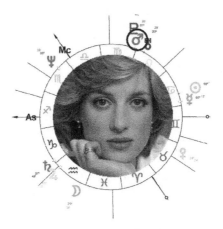

Princesa Diana de Gales
Lady Di

Marte en Casa IX

Pasión por estudios superiores, religiones, filosofía, culturas extranjeras, idiomas; pueden descubrir la verdad a través de experiencias de viajes o peregrinaciones. Necesidad de atreverse a conocer lugares nuevos, convivir con otras culturas, explorar, ir más allá. Hace gala de su arrojo y valentía, emprende nuevos rumbos. Sienten que tienen un propósito de vida y que su misión está fuera de sus fronteras.

Entusiasmo por aprender lenguas foráneas, estudiar o ser pionero en algunos temas de docencia. Bien aspectado favorece aprendizaje y amplitud de miras. La búsqueda de academicismo está presente en estos nativos, cuestionarán y comprobarán religiones y creencias. El espíritu de aventura los lleva a realizar largos periplos pudiendo ser grandes exploradores.

Tendencia a accidentes y riesgos innecesarios en sus viajes al exterior.

Luchan por sus ideales con intensidad, vehemencia, pasión y entusiasmo, defenderán sus puntos de vista, cualidades para debatir, dependiendo de la aspectación. En aflicción puede dar fanatismo religioso, poseedores de la verdad absoluta y pensar que su dios es el único, dificultad para aceptar opiniones distintas llegando a la intolerancia y agresión.

Romances y aventuras con personas extranjeras o en sus viajes. Necesidad de cambiar, de tener libertad preservando la seguridad. La expresión de esta energía y el compromiso afectivo dependerán de sus aspectos.

Relaciones tensas y competitivas con familia política y cuñados, con dificultad para conciliar.

Por otro lado, puede dar situaciones legales con juzgados o trabajar para la administración pública.

Louis Lumiére
Inventor del cinematógrafo

Marte en Casa X

Exitoso liderando actividades, dando órdenes, siendo jefe, dando pautas a seguir. Muchos trabajan de modo independiente. Excelente posición para el trabajo en general, se imponen y sus metas son el centro de su vida. Directos como patrones, competitivos, siempre buscan llegar a lo más alto de la cima y sentirse realizados, pudiendo ser controladores. Si está afligido, puede dar nativos conflictivos en su mundo profesional y con reto a la autoridad. Lucharán todo el tiempo para ganarse respeto sintiendo necesidad de reconocimiento y estatus.

Algunos pueden ser famosos en su profesión. Buscan excelencia y autenticidad en su desempeño. Profesionales destacados como militares, médicos cirujanos, policías, bomberos, deportistas, carniceros, especialistas en artes marciales. Lucha profesional, enfrentarán la adversidad con coraje sacando el mejor provecho posible de cada situación.

Aldous Leonard Huxley
Escritor y filósofo

Marte en Casa XI

Facilidad para relaciones de amistad con personas muy activas. Siempre con ideas innovadoras y arrojadas, organizará paseos en grupos, encuentros sociales donde expandirá el círculo de amigos ocupando, por lo general, una posición de liderazgo.

Al margen de su sexo, tendrá muchas amistades masculinas, de carácter impulsivo, librepensadoras, enérgicas, luchadoras, fuertes de carácter. Es posible que establezcan trato con profesionales del área militar, deportistas, cirujanos, metalúrgicos.

Si el planeta está afligido puede traerles rupturas o conflictos con los amigos, poca tolerancia y apertura hacia sus ideas, trayendo desavenencias y cambios frecuentes de este tipo de relaciones. En el peor de los casos, amistades que se dediquen a actividades delincuenciales o subversivas.

En la parte afectiva pueden relacionarse con personas que pertenecen a su círculo de amigos o con quienes practican alguna actividad deportiva. Valoran la lealtad y buscan relaciones duraderas. Primero son amigos y luego pasan a la relación afectiva. Les gusta experimentar y atreverse a hacer cosas diferentes o a relaciones abiertas.

Bruce Lee
Maestro de artes marciales, actor, cineasta y filósofo

Marte en Casa XII

Energía direccionada hacia el interior, el individuo tiende a actuar en solitario o secretamente. Bien aspectado puede pensar claramente en sus logros y metas y enfocarse en conseguirlas. Si está afligido puede haber fantasías, huir de las responsabilidades, o conductas autodestructivas.

En esta Casa da mucha intuición, compasión, querer ayudar a otros, ser benefactor de personas de su entorno. El nativo ha vivido muchas experiencias y por ello está en capacidad de ayudar a la comunidad. Buenos amigos, tienen habilidad para escuchar a otros y empatizar.

Si está afligido puede dar rabia reprimida, resentimiento, cólera, tendencia a guardarse los sentimientos y dificultad para expresarlos, pudiendo manifestarse a través de enfermedades o en forma de escapismos como adicciones al alcohol y drogas. Las enfermedades crónicas se relacionan con la cabeza, los genitales, la sangre (anemias y demás problemas hematológicos).

Tendencia a tener enemigos ocultos, a que les calumnien y a sufrir algún complot, estafa o situación extrema.

Otros pocos casos sufren hospitalizaciones y operaciones quirúrgicas a lo largo de la vida o algún tipo de reclusión.

Relaciones apasionadas, ocultas, complicadas, a distancia, que supongan algún sacrificio o ameriten mucho esfuerzo.

Vittorio De Sica
Actor y director de cine

JÚPITER EN LAS CASAS

Iván Toral

♃

Zeuspiter, Deuspiter, Dios Padre

Semicírculo que hace crecer a la materia. Principio de expansión.

Quinto planeta del sistema solar. Orbita alrededor del Sol en 11,862 años (redondeado en 12 años).

Domicilio/ Regencia: Sagitario y Piscis
Exaltación: Cáncer
Exilio: Géminis y Virgo
Caída: Capricornio
Gozo: Casa XI
Tristeza: Casa V

Júpiter en Casa I

Se presenta en individuos tendientes a la benevolencia, la justicia y que pretenden hacer felices a los demás. El comportamiento con los otros suele ser acogedor, afectuoso, complaciente y agradable. Pueden llegar a hacerse querer, pero no en todos los casos. Generalmente están dotados de buen humor y prestos a vivir una vida relajada.

Usualmente poseen un carácter mandón que raya en lo autoritario, sin embargo, por la naturaleza mutable del signo que rigen, se adaptan a lo que otros anhelan por "buenistas".

La otra vertiente "zeuspiteriana" los inclina a ser controversiales, aficionados a discutir con quien se les ponga enfrente.

Sujetos con personalidad viajera, dinámicos, parece que "andan a caballo" todo el tiempo.

Prefieren trabajos más bien suaves, salvo si nacen con un Saturno prominente o con el Sol en Capricornio. Se cansan rápidamente, adolecen de tenacidad y perseverancia. Frecuentemente no observan las consecuencias que generan sus juicios y criterios. Impulsados por conquistar lo auténtico, se comportan con un exceso de naturalidad y carentes de delicadeza, llegando a ser inoportunos. Teatrales, usan modos exagerados con tal de fortificar el impacto de sus disertaciones, a las que son aficionados. Les asusta quedarse solos y para evitarlo ofertan protección. Son enemigos de la mezquindad y la vileza.

La tradición declara que esta posición de Júpiter favorece la consecución de éxito social, que habitualmente se escenifica en un momento concreto. Siempre tienen expectativas de triunfar, con opciones que no todos tienen.

Generalmente indica largos viajes durante ciertos momentos de sus vidas.

Cristina Fernández
Política, abogada y expresidenta de Argentina

Júpiter en Casa II

La tradición avisa que el nativo con esta posición arrendará propiedades y beneficia la abundancia económica.

No obstante, Júpiter en este sector es muy susceptible a los aspectos tensos y puede indicar determinados desajustes financieros. Se dice que produce ganancias considerables, sin embargo, en el mayor número de casos no es así, como mucho se alcanza a administrar recursos ajenos o bien a efectuar adquisiciones o transacciones por motivos de la profesión o carrera, aunque no por temas personales.

Habitualmente indica seguridad económica, está presente en individuos que, de un modo u otro, jamás carecen de lo que requieren. Una muestra significativa de nativos con esta posición revela que alcanzan a obtener los recursos necesarios para subsistir sin tener que laborar como el resto de las personas o dedicándose a actividades libres, propias de la naturaleza libertaria de Júpiter.

Son buenos para producir riqueza y ganarían más de no ser por la flojera que produce el carácter sagitariano de Júpiter, aunque cuando se ponen las pilas durante los tiempos productivos son capaces de obtener altas ganancias. Júpiter en signos femeninos y bien aspectado, asegura prosperidad.

La estadística asociada con una muestra importante de nativos con esta posición revela que tienen la posibilidad de obtener recursos de actividades relacionadas con la docencia y otra muestra evidencia que adquieren dinero proveniente del extranjero, de una u otra manera.

Carlos Slim
Empresario, filántropo e ingeniero

Júpiter en Casa III

Este sector no es su posición ideal. Define un pensamiento evolucionado, aunque impedido para expresarse o hallar a la gente adecuada para charlar.

Es capaz de mostrar un excesivo interés en sus constructos mentales o una conducta polémica con los demás.

Generalmente, se presenta en sujetos que ejecutan viajes largos a naciones remotas, un buen número de ellos atraviesan periodos laborando en el extranjero o efectuando negocios con o desde el extranjero. Debido a esto, muchos de los nativos con esta posición, saben varios idiomas.

En relación a parientes, llama la atención que hay uno o dos hermanos que cuentan con una economía abundante. Sin embargo, Júpiter en esta posición domal también es susceptible a malas configuraciones que se traducirán en padecimientos, dificultades, impedimentos; primos o hermanos enfermos o que mueren precozmente.

Amante o novio con una notable personalidad social, que ha nacido fuera de la localidad natal del individuo o que viaja mucho.

Vehículo de transporte de color azul, amplio o de buena marca.

Presencia de madera en la recámara o dormitorio.

Leonardo da Vinci
Polímata florentino del Renacimiento

Júpiter en Casa IV

En astrología clásica se dice que Júpiter en la IV produce buenas adquisiciones en bienes raíces. En la mayor parte de las ocasiones, esta determinación se lleva a cabo, suelen manifestarse propiedades procedentes del clan familiar, provechos por legados.

De forma común, heredan considerables propiedades, apartamentos, casas o terrenos, no obstante, los nativos con esta ubicación juzgan estos eventos como normales y no los valoran tanto.

Al mismo tiempo, la tradición enuncia que Júpiter contribuye brindando las circunstancias oportunas para favorecer el brillo en sociedad, sin embargo, la mayoría de individuos con esta posición se dejan llevar por la flojera jupiteriana y no se obstinan en luchar por conseguirlo. Inspirados por la energía y el brío, abren un negocio, ocupando recursos publicitarios o relaciones con gente del exterior, pero del mismo modo que en Casas anteriormente descritas, Júpiter es muy susceptible a malas configuraciones y solo promete un buen arranque con desarrollo, pero no sostenimiento.

El tramo de la existencia después de los cincuenta años es frecuentemente grato, apacible y con suficiente confort. En este periodo es cuando efectúan sus traslados más memorables.

Su vivienda es un sitio abundante, con buenos alimentos y muebles cómodos. Cuando lo consiguen, ocupan una casa con espacios amplios, que supera lo que cualquier persona necesita o por encima de sus ingresos. La casa en general, o la cocina, integra elementos de madera muy notorios.

La familia es numerosa o se cuenta con un ancestro con pasado glorioso. En ocasiones se vive una temporada fuera de la localidad natal o bien en el extranjero.

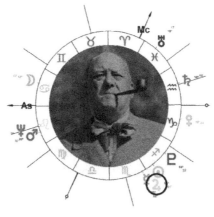

Aleister Crowley
Ocultista, místico y alquimista

Júpiter en Casa V

Desde la visión de la tradición se sostiene que esta posición domal indica vástagos con buenos principios morales y que asisten a sus progenitores materialmente.

Habitualmente se presenta en nativos con descendencia protagónica, que despierta admiración, brillo, que son educados y respetuosos con ellos (con sus padres).

Del mismo modo que en Casas anteriormente descritas, es sensible de configuraciones tensas, con cuadraturas siniestras hacia astros ubicados en Casa VIII, suele dar gastos a causa de los hijos, fin de ahorros, alguna inversión que se va por el caño; en casos especiales de féminas con esta cuadratura, abortos; con oposiciones a la Casa XI, relación tensa de hijos con sus parejas, socios o por asuntos legales. Con aspectos más duros como la tensa T cuadrada con maléficos, señalaría el deceso de hijos. Con cuadraturas de Urano o Marte, accidentes de los hijos o diferencias sexuales que merman la capacidad reproductiva.

Su mejor escenificación es a través de una gran oportunidad para tener encuentros sexuales, excepto que esté mal configurado con Venus. Es natural que esté presente en varones con el complejo de Don Juan, con alta capacidad de seducción y que sostienen amores extramaritales. En damas con esa posición y al mismo tiempo en el signo de Escorpio propende a una vasta procreación. Cuando está presente Saturno en conjunción, tienden a "adoptar" una buena cantidad de sobrinos.

Factor de éxito en cuestiones de azar y sentimentales. Augura suerte en negocios especulativos y provechos a través de adquisiciones o ventas que no tienen que ver con el negocio personal. Cuando está bien aspectado son como el Rey Midas.

William Blake
Poeta, pintor y grabador británico

Júpiter en Casa VI

En astrología clásica se enarbola que esta ubicación de Júpiter mejora las ganancias debido a los subordinados o que el nativo tendrá buenas oportunidades para desempeñar cargos auxiliares de cierta categoría.

Regularmente se halla en sujetos que siempre cuentan con empleo o siempre están haciendo algo, un buen porcentaje labora en el negocio familiar o de su papá, otro porcentaje ejerce cargos de mucha responsabilidad, y el porcentaje más bajo, con Júpiter mal configurado, sufre insatisfacción por el servicio que brinda.

Por lo general, son individuos a los que no les falta trabajo. Cuando laboran, su empeño es muy provechoso. Si llegan a tener subordinados, estos tienen una personalidad o talla destacada.

En determinados momentos de su existencia llegan a sufrir patologías cuyo origen se encuentra en abusos alimenticios por lo que deben efectuar regímenes dietéticos. Usualmente hay aumentos de grasas en sangre como colesterol y triglicéridos, glucosa, ácido úrico, etc. Esto amerita vigilar el consumo de ciertas comidas e incluso, bajo prescripción médica, la toma de algún medicamento que disminuya sus valores alterados. Un buen número de estos sujetos posiblemente haya padecido hepatitis viral tipo A o B antes de los treinta años sin ninguna secuela. Un carácter iracundo también se asocia a la presencia de Júpiter en este sector de enfermedades agudas o del alma.

En su indumentaria se percibe estilo y buen gusto, su atuendo tiene clase y es variado, tienen el clóset atascado de ropa y aun así se quejan porque no tienen qué ponerse. Una buena muestra de individuos con esta posición cuenta con una mascota de tamaño bastante notable o, aunque sean de raza pequeña, que nunca pasan desapercibidos.

Oprah Winfrey
Periodista y presentadora de televisión

Júpiter en Casa VII

La tradición sostiene que esta ubicación de Júpiter es muy benéfica para la relación de pareja, que el esposo o esposa contribuye con abundancia y comodidad. No obstante, hoy en día sucede en muy pocas ocasiones.

Suele atraer personas con una situación económica superior para contraer nupcias o generar un emparejamiento fundado en prosperidad mas no en la felicidad.

Del mismo modo que en otras Casas, Júpiter es muy sensible a las malas configuraciones, señalando separaciones o una convivencia forzada o sujeta a temas sociales por apariencia o conveniencias económicas. De hecho, indica parejas que gozan de comodidades condicionadas a las propiedades o al dinero.

Un buen número de féminas con esta posición se unen a varones que en su tiempo fueron "príncipe azul" y que más adelante revelan conductas de infidelidad; otro grupo de nativos con esta ubicación vive en unión libre o sostiene relaciones con personas que viven o vienen de fuera de su localidad de residencia, o viajan mucho. En muchas ocasiones pueden incumplir el compromiso de matrimonio.

En la vida pública indica circunstancias abundantes y ventajosas, supeditadas a los ciclos de Júpiter. Señala momentos en los que el nativo, sea hombre o mujer, gozará de popularidad y reconocimiento en el entorno en el que se desenvuelve.

En aquellos nativos que se dedican a la compra y venta significa una asociación conveniente que aporta el capital o la oportunidad de efectuar alianzas estratégicas que incrementarán su abundancia, asociados foráneos o encuentros con extranjeros que le darán contactos muy valiosos. Habitualmente, esta posición impulsa a asociarse, a formalizar encuentros con otras personas, a participar en sociedad, son gente con excelentes habilidades diplomáticas. A su vez, señala desencuentros, peleas o incluso juicios legales, de los cuales obtienen algún beneficio o ganancia.

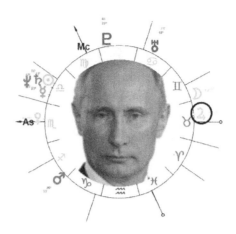

Vladímir Putin
Presidente de Rusia

Júpiter en Casa VIII

A partir de la astrología tradicional se enuncia que esta es la mejor ubicación para las herencias y que beneficia los procedimientos para obtener recursos económicos.

Sin embargo, hoy en día sucede en una minoría de casos o los legados no son nada extraordinarios. Reitero que Júpiter es altamente sensible a malas determinaciones.

Este sector del cielo astrológico hace referencia a lo que tienen de deseable los demás o la pareja. Júpiter actúa de acuerdo a la energía de esta Casa y a su vez, polifacéticamente, escenificando una amplia variedad de deseos tan diversos como cada sujeto con esta posición, desde desear experimentar sucesos con lo divino o supremo, o bien, desear la economía o propiedades de otras personas.

En muchas ocasiones señala momentos en los que estos sujetos podrán vivir a costillas de la pareja o de los asociados, cuando menos es su deseo oculto que muy pocas veces consiguen a corto plazo.

Esta Casa también se refiere a la naturaleza de la muerte del nativo, las causales que llevan al fin de la vida y el último tramo de la existencia. Desde la tradición se dice que provoca una muerte dulce, natural y suave en medio del éxito, no obstante, esta ubicación está poco presente en famosos. Lo que sí produce, cuando está mal aspectado, son crecimientos celulares desordenados malignos o afecciones del hígado.

El baño tiene el elemento madera o color azul en áreas mayoritarias o en detalles como las toallas. La segunda vivienda se diseña con espacios amplios o cuenta con una buena extensión de terreno. Se construyen una buena cabaña para el refugio o descanso.

Al mismo tiempo, es indicativo de viajes caros en ciertos momentos de la vida o de gastos importantes durante los traslados.

Michael Jackson
Cantante, compositor y productor discográfico

Júpiter en Casa IX

La mejor ubicación domal de Júpiter. De acuerdo a la astrología tradicional contribuye al crecimiento espiritual y al escudriñamiento religioso.

Se presenta en individuos que poseen un desarrollo significativo de la mente abstracta y una percepción importante de la conciencia. Otrora, aparecía en el profesor de enseñanzas espirituales, en obispos y sacerdotes, en nativos con carisma, un alma sincera y valores morales. Sin embargo, debemos recordar la susceptibilidad de Júpiter a las malas configuraciones y en tiempos actuales nos topamos con sujetos de arte limitado, carentes de buen gusto, incorrectos o desprovistos de talentos meritorios de apreciar.

Cuando Júpiter está bien aspectado y en buen estado cósmico augura viajes largos, una buena conformación intelectual superior o de corte espiritual y prácticas místicas o religiosas destacadas. Se erigen en profesores del entorno social en el que se desenvuelven, personifican el ejemplo en alguna cuestión, se les admira en un ámbito de su vida, unos por su talento para generar abundancia, otros por su arte y a otros por su cultura universal.

Brinda buenas relaciones con el mundo judicial o beneficios conseguidos a través de los jueces o legisladores.

Cuando Júpiter está mal aspectado o en mal estado cósmico surge en nativos que son parodia del profesor, sujetos que logran falsear la realidad y las situaciones, que poseen un léxico o términos a través de los cuales ridiculizan a otros y, a su vez, es propio de desenfrenados que seducen y engañan. Siempre hay que tener presente el carácter simulador de Júpiter descrito ampliamente en el libro de Mitología para Astrólogos de la saga de libros de la UCLA publicada en Amazon.

Albert Einstein
PhD y Premio Nobel de Física

Júpiter en Casa X

La tradición dice que esta ubicación de Júpiter le brinda al nativo la posibilidad de acceder a cargos confidenciales honorables y lucrativos.

En la actualidad, está asociado a individuos que conquistan triunfos en el medio en el que se desenvuelven llegando a ser muy populares. A nivel profesional logran el éxito a través de actividades relacionadas con la enseñanza, las leyes, la medicina, la religión, la política y el mundo de la farándula. Están sujetos a admiración notoria, consiguen ponerse por encima de los demás con una especie de suerte o fortuna que les garantiza progreso y prosperidad en la vida.

Al ser la Casa de la reputación, aflora el comportamiento simulador de Júpiter mostrando una cara de ángel, de "gato con botas", amabilidad, jovialidad y decencia, sin embargo, sus más cercanos, quienes los conocen a la perfección, saben cómo son realmente.

Habitualmente está presente en sujetos con la astucia y capacidad suficientes para conseguir que los demás los admiren.

Cuando Júpiter se halla muy mal aspectado es indicativo de mala fama y caída de la posición conquistada, debido a que sale a la luz su carencia de principios y su amoralidad.

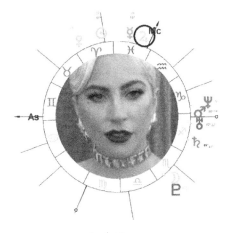

Lady Gaga
Cantante, compositora y productora

Júpiter en Casa XI

Esta es la Casa del Gozo de Júpiter por lo que se comprende que, desde la óptica de la astrología clásica, se sostenga que esta posición brinda buenos amigos, de alta posición social, leales y buenos consejeros en tiempos aciagos.

Un buen porcentaje de nativos con esta posición tienen amistades por las que se siente una especial estima o cariño y con las que realizan viajes a lugares distantes o que colaboran en proyectos de enseñanza o que se conocen en actividades relacionadas. Amigos foráneos o extranjeros con los que se cuenta para apoyarse mutuamente de manera grandiosa. Llegan a compartir el pan y la sal y a realizar actividades conjuntas, eventos, reuniones, congresos, en los que salen airosos con resultados sorprendentes dignos de admiración. A veces se tiene de amigo al juez, al político, al legislador, al médico o al cura.

Para los free lance o que se dedican a ejercer su profesión de manera autónoma, señala un público de alto nivel que les aporta ganancias. A veces, las relaciones con sus clientes evolucionan a amistad, y a su vez, las amistades pasan a ser clientela.

Tito Maciá
Astrólogo, escritor, fundador y director de la
Universidad Clandestina de Astrología

Júpiter en Casa XII

Cuando no se disponía de telescopios potentes para observar a Neptuno, Júpiter era el regente de Sagitario y Piscis, de las Casas IX y XII.

Júpiter tiene un comportamiento que amortigua o disminuye los conflictos graves y posibilita los triunfos profesionales, políticos y sociales a través de los grupos de la más diversa índole. Por eso, la estadística refleja su presencia en la natividad de muchos famosos.

La experiencia demuestra que induce a una fuerte sensibilidad, a un carácter humanitario por los más desprotegidos. De manera general, es propio de nativos que son exitosos tras efectuar servicios que no se ven por los demás, en ocasiones difíciles o que no son entendidos y tras sufrir muchas etapas en solitario.

A través de trabajos con grupos de retiro pueden obtener muy buenas ganancias. La parte inarmónica de Júpiter en ese sector es la flojera.

La tradición también sostiene que este sector astrológico revela la capacidad conversiva de las enemistades en amigos que, aun siendo pocos, destacan por su personalidad social o por su sabiduría.

En el área de la salud, es señalador de contar con buen personal hospitalario y evolución favorable de patologías serias. Cuando está mal configurado, etapas de reclusión, de encarcelamiento, pero de permanencias cortas; si se suma un mal estado cósmico, crecimientos celulares desordenados malignos, problemas circulatorios y hepáticos.

Martin Luther King
Pastor baptista y defensor de los derechos humanos

SATURNO EN LAS CASAS

Katterine Ropero

El símbolo de Saturno representa lo material que predomina sobre el sentimiento.

Es el sexto planeta del sistema solar y el segundo más grande después de Júpiter.

Orbita alrededor del Sol en 28 a 29 años y dura por signo 2 años y medio. Saturno dura retrogrado aproximadamente 4 meses y medio en el año.

Domicilio/Regencia: Capricornio
Exaltación: Libra
Exilio: Cáncer
Caída: Aries
Gozo: Casa XII
Tristeza: Casa VI

En la mitología griega, Cronos era un titán hijo de Gea y Urano. Gea estaba molesta con Urano pues este retenía en su seno a sus hijos cuando estaban a punto de nacer. Ella los incita a revelarse al padre y prepara para ello una hoz que entregará al hijo que acepte tal hazaña. Cronos acepta, toma la hoz y espera a que Urano venga ardiente de deseo por Gea, lo sorprende y lo castra lanzando sus genitales al mar. Los titanes, sus hermanos, lo proclaman el nuevo dios del Olimpo. Cronos se casa con su hermana Rea y se vuelve también un dios despótico. Un oráculo le predice que tendrá la misma suerte de su padre, que sería destronado por uno de sus hijos, así que para impedir que el oráculo se cumpliese empieza a devorar a sus propios hijos. Finalmente se repite la historia, pues Zeus, quien fue salvado por su madre, junto con sus hermanos lo derroca, pasando sus últimos días en el Tártaro.

A Saturno, el Cronos romano, se le atribuía la introducción de la labranza, el cultivo de las huertas y era venerado por proporcionar bienestar material y costumbres ordenadas.

La representación de Saturno lo muestra como un delgado anciano de larga barba, portando una hoz como el símbolo de dedicación a la agricultura.

Saturno en la carta astral nos conecta con la realidad tal y como es, tiene una mirada realista a tal punto de ser pesimista. Se relaciona con la prudencia y la perseverancia, también con los obstáculos y los temores, con la avaricia y la escasez, la posibilidad de construir lento pero seguro, el asumir responsabilidades. La durabilidad de nuestras obras responderá a los aspectos que tenga dentro la carta astral

En la antigüedad se le llamaba el maléfico mayor causando pesadez, necesidad, austeridad, retardos de todo tipo. Saturno también representa la seguridad que da el tener la sabiduría que se logra al pasar los años, la estabilidad, lo concreto, la firmeza para tomar acción. Se conecta con aquello que requiere de tiempo y paciencia. Puede representar el ahorro y también la ruina. Nos muestra las limitaciones, los miedos, los compromisos.

En la Casa donde se encuentre indica que las cosas tomarán su tiempo, habrá demoras, se tendrán que vencer obstáculos a través de la paciencia, persistencia y constancia, ingredientes que servirán para edificar si hay claridad de lo que se quiere. En esa área seremos ambiciosos y nos gustará tener una imagen de autoridad o de persona influyente. Implica que tendremos que ser responsables. La carencia, la escasez, la soledad, la vejez, la estabilidad, el ahorro, la avaricia, las cosas antiguas, lo viejo o lo antiguo, las leyes, las normas, están marcados por Saturno; una energía práctica, fría, mental.

En cuanto a personas de nuestro entorno, Saturno señala a la autoridad, al padre, los abuelos, los jefes, los solterones, los aristócratas, los legisladores, los tradicionalistas y los afines a la derecha política.

Saturno en Casa I

La persona será muy seria, responsable, trabajadora. Niñez con carencias bien sea materiales o emocionales. Puede indicar un nacimiento complicado, por cesárea.

Visión pesimista de la vida, fuerte voluntad, gran ambición para escalar posiciones. Trabajará a una edad temprana, para lograr el éxito requerirá de esfuerzo y constancia. Suele ser bastante suspicaz y con poca confianza en sí mismo por lo que, a su vez, desconfía de los demás, ante los que crea una barrera. Mostrará una actitud fría. Valora que se cumplan los compromisos; tienden a ser muy puntuales y tendrán mayor satisfacción en el último tercio de la vida.

Facilidad para desarrollar carreras administrativas o trabajos relacionados con éstas. Le gusta la política y tienden a ser conservadores. Cree en la meritocracia, apegado a las normas.

A nivel físico podemos ver a la persona estilizada, delgada, con aspecto maduro o facciones duras. A medida que envejezca tendrá un aíre más juvenil. Presentará dolencias en las rodillas, articulaciones, piel delicada, exceso de sarro en la dentadura. Fácilmente puede caer en estados de melancolía, tristeza, depresión.

Margaret Thatcher
Primera ministra del Reino Unido 1979/1990

Saturno en Casa II

Sensible y ordenado en asuntos económicos. El éxito se dificulta y llega lentamente.

La persona gana dinero a través de actividades relacionadas con administración, política o renta de inmuebles antiguos. Pueden obtener muchos

121

beneficios y no por ello dejan de sentirse preocupados por su seguridad financiera. Dentro de sus valores personales: responsabilidad, compromiso, constancia.

Es factible que trabaje con el padre o que tengan la misma profesión. Temor a la pobreza, posiblemente por haber tenido una infancia con estrechez económica, miedo a perder lo que se ha obtenido laboriosamente. Le cuesta disfrutar de sus logros. Las limitaciones económicas pueden dar un fuerte impulso para lograr la estabilidad.

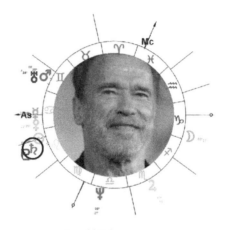

Arnold Schwarzenegger
Actor, empresario, político y exfisicoculturista

Saturno en Casa III

La persona es paciente, realista, con buena capacidad de concentración, de mentalidad reflexiva, ordenada, metódica, respeta las normas tradicionales. La conversación es seria y le cuesta ser superficial.

Al ser la Casa de los estudios primarios, los mismos se dan con dificultad y pueden conseguir maestros exigentes.

En temas referidos a los hermanos se presentan dificultades, diferencia importante de edad, pérdidas, asumir responsabilidades con respecto a ellos, lo que puede constituir una carga para el individuo. Poco amor en el hogar, crece solo o separado de sus parientes, o no se siente ligado a ellos.

Siente recelo de expresar sus ideas por parecer inadecuado. En sus conversaciones dan la apariencia de ser arrogantes cuando detrás de eso solo hay temor.

Atrasos y complicaciones en los viajes. Se recomienda que eviten actividades relacionadas con el transporte en virtud de que pueden ocasionar inconvenientes financieros.

Cultivan el interés por aprender.

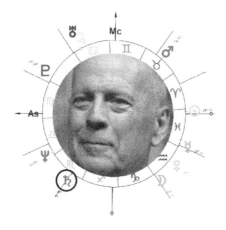

Bruce Willis
Actor y productor de cine

Saturno en Casa IV

Es una posición que denota alguna carencia en el hogar. En el aspecto positivo puede indicar un padre como una figura ejemplar: ambicioso, trabajador y paciente. De forma negativa, indica su ausencia por muerte o separaciones; también puede ser austero, exigente y que no manifiesta amor, ni comprensión o apoyo, emocionalmente ausente o constituir una carga para el hogar. La persona puede tener inestabilidad emocional, sentimiento de no haber sido querido, esto puede traducirse en resentimiento generalizado hacia los hombres ya que el padre es el primer hombre para el niño.

Al individuo le resulta difícil tener contactos emocionales íntimos, pero tiene la oportunidad de construir desde adentro un sentimiento de seguridad y de autoaceptación. Atrasos para la compra de inmuebles. Le cuesta relajarse en su hogar, puede construir su negocio en su vivienda o trabajar desde allí. Agrado por vivir en lugares apartados o altos.

Vejez que puede ser solitaria o en ancianatos. En el mejor de los casos alcanza la estabilidad y estatus en el último tercio de la edad.

Marilyn Monroe
Actriz de cine, modelo y cantante

Saturno en Casa V

Los noviazgos se viven con mucha seriedad, le gusta tener romances formales y estables. No le es fácil la conquista. La persona no se siente atractiva. Fuertes inhibiciones a la hora de expresar los sentimientos o el sexo. Provoca grandes retrasos o dificultades a la hora de disfrutar la vida o de experimentar placeres. Fomenta la sensación de darlo todo en el amor y de recibir a cambio muy poco o nada y predispone a la frialdad o rigidez en las relaciones amorosas. Le pueden gustar personas con diferencia de edad importante.

Atraso o imposibilidad para tener hijos o tenerlos a una edad madura. Los hijos son considerados como una responsabilidad. Por lo general, hay dificultad para el trato con los niños.

La creatividad en estas personas está a menudo inhibida o bloqueada.

En su tiempo de ocio prefieren las diversiones sobrias o intelectuales.

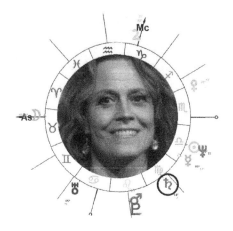

Sigourney Weaver
Actriz y productora de cine

Saturno en Casa VI

Es una posición frecuente en la persona a quien no le gusta su trabajo, pero tampoco puede dejarlo.

Condiciona ocupaciones administrativas, relacionadas con leyes o exigentes. La persona se toma su labor muy en serio y es digno de confianza, destacando en áreas en que se manejan las matemáticas, ciencias u otras materias que requieran precisión o atención a los detalles. Dificultad para integrarse con sus pares. Siempre subyace el temor a quedarse sin empleo.

Su equipo de trabajo representa una carga, son personas mayores o que tienen mucho tiempo en la empresa y esto les confiere cierta autoridad, por tanto, no son fáciles de dirigir. Es posible que su carrera esté relacionada con el área de la salud. El éxito profesional requiere de mucho esfuerzo.

Dificultad para tener mascotas o mucha responsabilidad con ellas, como si fueran hijos, también puede generar pérdidas de las mismas y que dejen una huella importante

En cuanto a la salud, se consiguen dos variantes: ser estrictos con el cuidado de su cuerpo o, por el contrario: mala salud, con problemas en los huesos, articulaciones, piel y dientes. A nivel anímico genera melancolía y tristeza. Puede dar temor a las enfermedades.

Jimi Hendrix
Guitarrista, cantante y compositor

Saturno en Casa VII

Las asociaciones y las relaciones largas son complejas con esta influencia. Se encuentran con parejas que pueden ser castradoras, serias, frías, con diferencias de edad. Temor al compromiso.

El cónyuge enfriará y limitará la expresión del nativo porque no comprende o aprecia sus pensamientos o sueños, dificulta la felicidad marital. Si se casa a una edad temprana puede denotar que el vínculo se transforma en una carga. Indica separaciones o pérdidas. En otros casos, puede señalar casamientos por conveniencia o con personas solventes económicamente. El amor se experimenta mejor en la edad madura, después que haya aprendido ciertas lecciones. En el mejor de los casos puede casarse con alguien que le brinde protección y estabilidad económica.

Los trámites legales pueden ser difíciles, los enemigos declarados son de mucha autoridad, se recomienda tratar de negociar o ser muy cabal con las gestiones.

Johnny Depp
Actor, productor, guionista y músico

Saturno en Casa VIII

Es una buena posición para administrar las finanzas de otros, contador, banquero, inversionista. Gran trabajador, sabe cómo guardar el dinero.

También le interesan los asuntos psíquicos y psicológicos pudiendo laborar en esos campos.

Dificultad para herencias o préstamos. Es posible que tenga contrariedades para manejar los bienes de su cónyuge o socio y que de alguna manera tenga que hacerse cargo de su economía.

Los miedos y sentimientos de incapacidad del individuo se manifiestan en el área de la expresión sexual, pero no es una incapacidad física sino emotiva, que viene dada por el temor a la entrega. Considera el sexo seriamente, de una forma muy tradicional, quizá con una educación restrictiva y con tabúes. Puede cubrir sus aprensiones con convicciones religiosas o morales intolerantes.

Puede dar muerte a una edad avanzada, soledad a la hora del fallecimiento.

Riesgo de intolerancia ante la diversidad sexual.

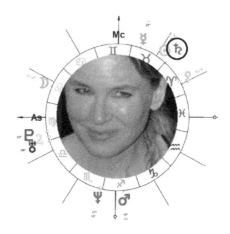

Renée Zellweger
Actriz y productora de cine

Saturno en Casa IX

La educación religiosa suele ser tradicional. Fuertes opiniones políticas e ideológicas.

Mente analítica, solo cree en aquello que se puede comprobar. Puede rechazar la idea de la existencia de Dios o creer en un dios severo. Sugiere que no basta con los valores tradicionales o lo que ofrece la teología, por lo que tiende a la búsqueda de la experiencia directa de su propia fe. Con frecuencia se ve una educación dogmática en edad temprana, lo que llevará a una posterior decepción y posible ateísmo.

Produce un intelecto profundo y penetrante pero las respuestas debe hallarlas por sí mismo pues no acepta más autoridad que la suya. Podría ser un buen maestro, científico, escritor u orador. Adquiere prestigio, crédito y respeto dentro de los grupos interesados en filosofía, religión o metafísica. Con malos aspectos puede ser intolerante o fanático.

Dificultad para viajar y estudiar. Las experiencias en el extranjero pueden ser de carencias o con atrasos. Si llegase a vivir en el exterior escogerá países que son rigurosos en sus normas. Genera más viajes por trabajos que por disfrute.

Posibilidad de tener cuñados distantes y fríos.

Harrison Ford
Actor de cine y televisión

Saturno en Casa X

Indica ausencia, severidad, dominancia o exigencia de la madre, la cual se ocupa de proporcionar lo que se requiere a nivel material, pero le cuesta demostrar cariño y amor. En el mejor de los casos, la madre puede ser una figura modélica en temas de paciencia, trabajo y constancia.

El éxito profesional se alcanza en la adultez, cuesta el reconocimiento laboral. La relación con los jefes es difícil ya que estos son exigentes y muy críticos, la persona debe ser muy responsable con su trabajo (con buenos aspecto, lo es).

Otorga magníficas dotes organizativas y administrativas por lo que es una posición favorable para empresarios, ejecutivos y políticos. Mostrará un espíritu ambicioso y fuertemente confiado en sí mismo. La persona logra triunfar sin ayuda; aceptará la responsabilidad con buena disposición, tiene fuertes aspiraciones, decidido, organizado, perseverante y con habilidad para los negocios. Tiene que vencer los obstáculos que surjan para alcanzar sus metas.

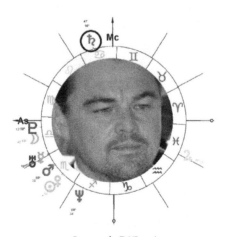

Leonardo DiCaprio
Actor, productor de cine y televisión

Saturno en Casa XI

No tiene amistades casuales ni superficiales. Es tímido e introvertido, con un sentimiento de profunda soledad, se aparta de los grupos por temor a no ser aceptado. Aunque tiene pocos amigos, éstos son serios, fieles, científicos o personas mayores, en general con alguna causa común.

Es la persona que realiza los trabajos pesados del grupo sin recibir ningún tipo de reconocimiento.

Tendrán grandes dificultades para hacer realidad sus fines, objetivos, anhelos e ilusiones, y solo podrán lograrlo con gran voluntad y paciencia.

Siendo la Casa de los benefactores señala ausencia de los mismos o que prestan su ayuda de forma condicionada.

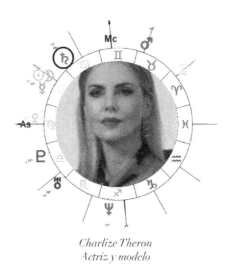

Charlize Theron
Actriz y modelo

Saturno en Casa XII

Excelente posición para monjes, investigadores, personas que trabajen en sitios aislados, solitarios o de difícil acceso.

Indica que durante su gestación pudo existir, en su entorno, algún tipo de carencia. Origina la ausencia o alejamiento del padre por alguna causa. Da responsabilidad con uno de los progenitores.

Tiende a aislarse o a vivir con el deseo de retraerse, le gusta la soledad y guarda los problemas en su interior. Se tiene el sentimiento de impotencia, de someterse a algo superior, con miedo de que algo lo controle todo.

Posibles trabajos donde tenga que prestar algún tipo de servicio. Pueden estudiar de forma metódica temas referidos a la espiritualidad. Es importante que la persona cumpla con todo aquello a lo que se compromete, en ocasiones les costará concluir una carrera.

Miedo profundo a no tener dinero, estatus, a envejecer.

Problemas con médicos, debe cuidar su estructura ósea.

Los enemigos ocultos pueden ser temibles.

Morgan Freeman
Actor y director de cine

URANO EN LAS CASAS

Rosa Cortés

Existen dos símbolos para referirse al planeta Urano, el primero es la fusión entre el Sol y Marte.

El segundo, el más utilizado en astrología, sugiere una "H" en honor a William Herschel, su descubridor en 1.731 Este símbolo nos muestra la elevación del espíritu sobre la materia.

Urano es el séptimo planeta del sistema solar y tarda 84,1 años en dar la vuelta al Sol. Su rotación hace un movimiento atípico si lo comparamos con el resto de los planetas, es como una bola que va rodando con una inclinación de 98° con respecto al plano orbital. Aquí empezamos a observar las excentricidades de este planeta.

Domicilio/Regencia: Acuario
Exaltación: Escorpio
Exilio: Leo
Caída: Tauro

En la mitología clásica Urano era llamado "el dios primordial del cielo". Hijo y esposo de Gea, la madre tierra, quien concibió a Urano sola. Ambos gestaron a la primera generación de titanes.

Sin embargo, existe un modelo femenino para Urano que es Palas Atenea, nacida de la cabeza del dios Zeus, este hecho nos da una primera pista sobre la naturaleza mental de este planeta.

Pertenece al grupo de planetas llamados "transpersonales".

Urano es el planeta de la libertad y del amor universal, el humanismo y los cambios repentinos. Se asocia a todo lo nuevo, a las situaciones desconocidas, a las premoniciones y a la intuición.

En la carta astral nos mostrará dónde vamos a sufrir crisis evolutivas, imprevistos, cambios de gran envergadura y transformaciones súbitas.

En el cuerpo humano se asocia a los impulsos eléctricos del sistema nervioso.

Palabras que representan la influencia de Urano: rebeldía, libertad, independencia, individualidad, desvinculación, excentricidad, innovación, originalidad, novedad, mutación, variedad, sorpresivo, repentino, futurista, intuición, premonición, telepatía, etc.

Urano en Casa I

Sin lugar a dudas esta posición otorga al nativo un alto nivel de originalidad. Son personas muy independientes con una gran necesidad de libertad. De naturaleza emprendedora, buscan nuevos horizontes a los que dirigirse.

Poseen el don de la intuición "repentina".

Tienen una personalidad muy marcada e inusual, en algunos casos algo excéntrica. El individuo suele ser rebelde, inconformista, entusiasta y muy ingenioso. Son muy espontáneos a la hora de expresarse y de actuar.

Esta posición puede hacer que la imagen del nativo sea igualmente original. Son vistos como personas especiales y diferentes.

Defiende su forma de pensar, pero está abierto a escuchar otras opiniones.

Siente una fuerte atracción por las cuestiones novedosas y poco comunes.

Puede tener un abuelo o abuela atípicos.

Ernesto Che Guevara
Político y guerrillero

Urano en Casa II

La influencia de Urano en esta Casa afecta directamente a la economía del nativo, a su visión del mundo material y a las finanzas.

Urano es un revolucionario que pide libertad por lo que en esta Casa puede instar a ganar dinero de formas inusuales o incluso inducir a liberarse de trabajos que, aunque proporcionan seguridad económica, aburren al nativo y le inclinan a buscar fórmulas laborales menos tradicionales.

Las entradas de dinero pueden ser irregulares y proceder de ocupaciones poco convencionales, vanguardistas, como tecnologías de última generación, aviación, domótica, astrología, etc.

Con esta posición el individuo puede sufrir altibajos económicos, un vaivén de subidas y bajadas en las finanzas con épocas de bonanza y otras de escasez, pero sabrá lidiar con las anteriores irregularidades económicas mencionadas y con las circunstancias imprevistas derivadas de esta posición astral.

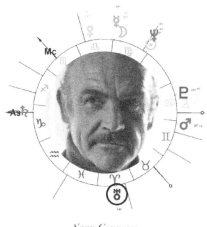

Sean Connery
Actor y productor de cine

Urano en Casa III

Aquí Urano dotará al individuo de una mente realmente brillante, original y sumamente intuitiva. Contará con ideas diferentes al común del resto de los humanos. Posee una psique que pocas veces descansa, científica, investigadora y por supuesto intelectual. Su visión del mundo es muy personal, diferente y poco común. No se dejará influenciar por las ideas ni opiniones de los demás, confía en sí mismo, en su propio criterio.

Puede padecer de nerviosismo o de inquietud crónica.

Esta posición animará a la persona a efectuar viajes cortos o a lugares cercanos, eso sí, casi siempre a parajes atípicos y de forma repentina, de la noche a la mañana. También puede viajar por motivos de investigación tanto sobre temas históricos de culturas desaparecidas o asuntos científicos, viajes que despierten su natural curiosidad.

Al ser la Casa de los hermanos, el nativo puede contar con un hermano o hermana especial, una persona totalmente excéntrica y original. La relación con éste también es inusual, puede haber una gran diferencia de edad, por ejemplo, o que sean de diferente padre o madre. Puede existir un amigo que sea como un hermano.

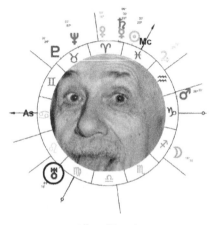

Albert Einstein
PhD y Premio Nobel de Física

Urano Casa IV

En esta Casa Urano influye en el hogar y la familia del nativo. Puede haber un hogar atípico en el que habrá a menudo reuniones de amigos. Los miembros de la familia pueden ser muy diferentes entre ellos, pertenecer a diferentes razas o religiones.

Posiblemente el nativo provenga de una familia poco convencional, quizá desestructurada o en la que se vivan ausencias de algún tipo. Para estas personas lo ideal es un hogar donde puedan sentirse libres y no pierdan su individualidad, sin demasiadas ataduras que coarten su libertad.

Esta Casa también nos indica las características del padre. Un padre ausente en diferentes periodos de la vida o con características especiales, como por ejemplo, un aviador, científico, astrónomo, astrólogo, etc. Sin duda será un progenitor con cualidades especiales.

Es posible que la cocina de la casa sea muy moderna o con muchos aparatos eléctricos. Es probable que se hagan mudanzas con frecuencia.

Otra persona relacionada con esta Casa es la suegra.

La Casa IV es también la Casa de los finales, Urano en esta posición nos indica la última parte de la vida del nativo quien siempre preferirá retirarse en soledad durante su vejez y no en grupo como sucede a muchos ancianos en residencias y, a ser posible, en una casa en un lugar elevado con amplias vistas. Es interesante mencionar que la edad de Urano, al igual que la de Neptuno, es a partir de los 80 años.

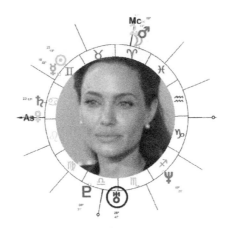

Angelina Jolie
Actriz, modelo, directora, guionista y productora

Urano en Casa V

El nativo puede tener hijos muy independientes y muy originales. Para las personas que no tienen descendencia la influencia se puede expresar a través de alumnos o seguidores. Estos padres sienten interés en educar a sus hijos con fórmulas novedosas y poco convencionales.

En cuestiones íntimas el sujeto es más bien desapegado, inconstante. Puede llegar a ser muy individualista. Siente atracción por personalidades diferentes y con un toque de originalidad.

Son personas muy creativas a las que les atraen temas relacionados con internet, electrónica, astronomía o astrología. También les puede atraer todo lo relacionado con el espectáculo.

Tendrán épocas en la vida en las que sean muy ahorradores y otras en las que hagan todo lo contrario. Los beneficios de las inversiones serán también inconstantes, habrá momentos en sus vidas en los que les interese invertir en temas relacionados con la tecnología.

Clint Eastwood
Actor, director, productor, músico y compositor

Urano en Casa VI

La persona con esta posición necesitará realizar tareas en las que su libertad, tanto de expresión como de movimiento, no se coarte. Requieren trabajar en cuestiones donde sean importantes las ideas originales y donde no haya rutinas. A estos nativos les cuesta recibir órdenes por lo que es conveniente que se dediquen a trabajos que no tengan la supervisión de ningún superior. Lo ideal es que ellos sean sus propios jefes.

Respecto a la salud, deben vigilar las enfermedades que tengan relación con el nerviosismo, la ansiedad o el estrés. Es muy probable que estos individuos opten por terapias alternativas para solucionar estos problemas tales como la homeopatía, lores de Bach, etc.

Pueden tener animales en casa poco convencionales, como por ejemplo reptiles, hurones o animales con alguna peculiaridad.

Jimmy Carter
Presidente de los Estados Unidos 1977/1981

Urano en Casa VII

Urano en esta Casa afecta directamente al matrimonio y/o a las asociaciones en general, la persona sentirá una clara necesidad de libertad que podría afectar a este tipo de relaciones.

Recordemos que Urano y las rutinas no congenian. Si la unión se basa en una relación libre, sin ataduras, tendrá posibilidades de sobrevivir, de lo contrario predispone a rupturas y divorcios. Estas personas necesitan un alto grado de independencia para no sentirse asfixiados.

Debemos tener en cuenta los aspectos que hace Urano con otros planetas y su estado cósmico en la carta.

La influencia de esta posición astral también puede traer al nativo un cónyuge o socio de tipo "uraniano", es decir alguien muy original, impredecible, independiente, quizá de otra raza o religión.

Sigmund Freud
Médico neurólogo, padre del psicoanálisis

Urano en Casa VIII

Existe un alto interés por parte del nativo hacia las ciencias ocultas, todo lo esotérico, la astrología, las culturas desaparecidas, etc. Otorga espíritu de investigador. Muchos astrólogos tienen a Urano en la Casa VIII.

Con esta posición es probable que la persona sufra crisis profundas de regeneración interna de forma repentina. Como el ave fénix, resurgirá de sus cenizas.

Puede recibir herencias de forma inesperada. La economía de la pareja es susceptible de cambios abruptos e inesperados.

Respecto a la muerte del individuo se deben tener en cuenta los aspectos de Urano y si éste se encuentra en buen estado celeste. El fallecimiento se podría producir de forma repentina e inesperada, recordemos que Urano se encuentra en gozo en esta Casa por lo que el término será poco traumático.

Uri Geller
Ilusionista

Urano en Casa IX

La persona cuenta con un gran interés por las filosofías y las religiones de culturas remotas o desaparecidas.

Siente fascinación por viajar a lugares no explorados, necesidad de conocer mundos nuevos, de relacionarse con personas de países totalmente diferentes al país de origen. Realizará varios viajes a lugares lejanos a lo largo de su vida de forma repentina, podría incluso emigrar a otro país.

Urano en esta Casa puede hacer del nativo una persona aventurera e investigadora.

Esta posición proporciona a la persona una mente brillante para realizar estudios superiores sobre materias no convencionales, sobre investigaciones de toda índole.

También es una posición muy buena para todo lo relacionado con la astronomía, la arqueología e incluso para la astrología.

Jodie Foster
Actriz y directora de cine

Urano en Casa X

Con Urano en esta posición se experimentarán cambios repentinos e inesperados en todo lo relacionado con lo profesional y lo social. Siempre irá en pos de una ocupación que le otorgue libertad.

Allá donde se encuentre Urano se romperán barreras, la persona querrá una libertad absoluta que le permita realizar lo que realmente desea sin ningún tipo de impedimento.

Esta ubicación podría hacer que el individuo se dedique a una ocupación atípica y original. Pueden ser pioneros en el campo de la ciencia, de la investigación, de la tecnología, de la astronomía e incluso de la astrología. Esta influencia astral puede producir cambios en el estatus social de forma súbita e imprevisible, por ejemplo, pasar de casado a divorciado repentinamente.

El nativo puede ser reconocido públicamente como alguien altruista y humanitario.

Rosario Flores
Cantante, compositora y actriz

Urano en Casa XI

Esta es una posición excelente para Urano ya que este planeta es el regente de Acuario y en esta Casa está dignificado.

Aquí Urano dota al nativo de una especie de hermandad con sus amigos. La amistad es muy importante para ellos. Son personas sumamente sociables, dadas a participar en actividades colectivas donde se respete siempre la individualidad de cada miembro.

El individuo puede tener grupos de amigos originales, del tipo bohemio, humanistas, rebeldes, siempre personas muy especiales y diferentes, como científicos, astrólogos, etc. Necesitan intercambio de ideas que estimulen su intelecto.

Urano impulsará a estas personas a realizar varios viajes en grupo, mayoritariamente en avión.

Es importante mencionar que esta es la Casa de los premios, así que es probable recibir algunos de forma repentina e inesperada.

Esta posición nos indica que alguna nuera o yerno serán del tipo "uraniano", atípicos e incluso excéntricos.

George W. Bush
Presidente de los Estados Unidos 2001/2009

Urano en Casa XII

Dotará al individuo de una marcada rebeldía y de un deseo acusado de liberación, autonomía e independencia.

Tendrá periodos en los que experimente su propia realidad como un aprisionamiento. Vivirá momentos de soledad autoimpuesta y una clara necesidad de aislarse del mundo.

El nativo tiene una psiquis muy especial, experimentará Telepatía, clarividencia, intuiciones repentinas, presentimientos, sueños premonitorios, etc. La persona posee la capacidad de intuir el pensamiento de los demás y de leer sus mentes.

Sienten una especial atracción hacia culturas misteriosas y remotas, fascinación por el pasado y en general por todo lo oculto.

Debe tener especial cuidado con ciertas medicinas y drogas ya que puede experimentar pequeños brotes psicóticos pasajeros. Es posible desarrollar enfermedades relacionadas con el sistema nervioso.

El sujeto sufrirá ataques repentinos de enemigos ocultos o por parte de amigos que se transforman en enemigos súbitamente.

José María Ruiz-Mateos
Empresario y político

NEPTUNO EN LAS CASAS

Elena Antón

El símbolo de Neptuno es un semicírculo sobre una cruz invertida que simboliza la parte material aplacada por el alma con el soporte de lo espiritual.

Octavo planeta del sistema solar. Tarda 164 años en dar la vuelta al zodiaco, 14 años aproximadamente por signo.

Domicilio/Regencia: Piscis
Exaltación: Cáncer
Exilio: Virgo
Caída: Capricornio

Regencia accidental en Casa XII

Neptuno se relaciona con el dios romano del mismo nombre, para los griegos era Poseidón. Según la mitología era el dios de los mares, lagos, ríos y corrientes subterráneas.

Neptuno es una energía del alma, donde nos fundimos con los demás.

También se le conoce como el conspirador, ya que confabuló contra Júpiter. Por eso se dice que donde tiene uno a Neptuno es donde tiene algo que esconder u ocultar. Es por otra parte el lugar donde buscamos al salvador que nos permita renunciar a la responsabilidad y al esfuerzo personal en ese campo definido por la Casa que ocupa o rige.

La influencia de Neptuno se manifiesta, principalmente, a través de la idealización, privada de lógica, donde se aglutinan grupos de personas y se pierde la consciencia personal.

Con Neptuno surgen las cosas por inspiración, es la imaginación en todo su potencial, por eso se relaciona con artistas de la más diversa índole.

En su vertiente menos luminosa nos indica las situaciones en las que surge la desilusión hacia personas o ideas, las decepciones de todo tipo y los desencantos. Neptuno señala ese punto en que los ideales o ilusiones pueden convertirse en el mayor enemigo.

Con Neptuno se puede llegar a trascender el tiempo, los límites y las formas.

Neptuno en Casa I

Esta posición de Neptuno difumina la frontera entre uno mismo y los demás.

Es muy frecuente que, a la hora del parto, a la madre le suministraran fármacos y quedara inconsciente dejando al individuo en letargo o laxitud, como si siguiera bajo el agua.

Es probable que intente eludir la responsabilidad personal dejando su voluntad a "lo que tenga que ser".

Da a la persona un sentimiento de víctima que espera ser rescatada por sus abuelos o por la posición social de la familia.

Son personas dotadas de discreción y una sutil diplomacia. Su objetivo es complacer y por ello en ocasiones parecen sirenas que con su canto embrujan a quienes las escuchan.

A menudo indica un talento especial para el arte, la actuación, la música.

Revela el don especial del consejero por su capacidad para adentrarse en los sentimientos de los demás.

En la pareja suele ser el miembro pasivo en una serie de relaciones difíciles. Cuanto más necesario más seguro se siente el sujeto.

Las dolencias de Neptuno tienen un componente manipulador en el momento de la crisis ya que requieren un alto grado de atención; suelen padecer esclerosis múltiple, síndrome de fatiga, reacciones alérgicas extremas, psoriasis, asma y dificultades producidas por las adicciones.

En el aspecto físico suele dar ojeras, estatura pequeña y complexión fuerte. Rostro pálido, ojos saltones, nariz chata, cabello castaño claro, labio inferior sobresaliente como si fuera un pez.

John Boyd Orr
Biólogo y político
Premio Nobel de la Paz en 1949

Neptuno en Casa II

Este emplazamiento generalmente da dificultades económicas, son los que no pueden llegar a fin de mes o descuidan la administración del dinero de forma que nunca saben del todo lo que tienen o por donde les viene.

Se quejan de ser víctimas de un mundo demasiado materialista, eludiendo su responsabilidad y con frecuencia otras personas terminan pagando lo que ellos no asumen ya que en parte el nativo no quiere tener autonomía.

Con Neptuno, las especulaciones que parecían seguras acaban siendo un fraude.

En ocasiones son adoradores del dinero y de las posesiones pues de ese modo alcanzan el cielo sobre la tierra y les permite realizar sus fantasías.

La segunda Casa es la de los talentos y recursos, siendo los planetas presentes los que simbolizan los dones naturales que les proporcionarán su medio de vida con una profesión neptuniana: desde artistas hasta farmacéuticos, venta de alcohol y drogas, poetas, sanadores, sacerdotes, estafadores, navegantes, místicos, etc.

Tony Curtis
Actor de cine

Neptuno en Casa III

Neptuno en esta Casa causa confusión y dispersión mental, la vaga incapacidad de expresarse hace que los maestros en la infancia les hablen de falta de inteligencia, mala concentración y en algunos casos dislexia.

Indica una capacidad para ser un elegante mentiroso crónico por lo cual suelen ser portavoces de los demás.

Los nativos con este emplazamiento suelen pensar en imágenes siendo expresados sus dones a través del arte, danza, pintura, poesía, canto. Para ellos las cosas del mundo tienen matices emocionales, colores y formas de manera que se comunican con el universo.

En ocasiones tienden a redimirse a través del conocimiento, lo que les hace estudiar sin llegar a tener la sensación de que saben bastante.

En casos extremos da inestabilidad mental, alucinaciones y paranoia.

Son buenos maestros de niños con dificultad de aprendizaje por su capacidad de empatizar.

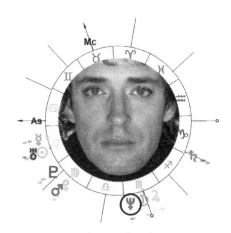

Gustavo Cerati
Músico, cantautor, compositor y productor discográfico

Neptuno en Casa IV

Los que tienen este emplazamiento absorben y reflejan la atmósfera que les rodea con lo cual han de ser cautelosos a la hora de elegir el lugar donde viven.

Generalmente señala un patrimonio familiar importante, no obstante, siempre hay situaciones confusas con algún pariente por los bienes raíces o el negocio de la familia.

El precio que se paga con Neptuno en IV por beneficiarse de la seguridad que le ofrece su círculo familiar es la pérdida de la identidad individual para fundirse con la familia, Neptuno pide adaptación y sacrificio.

Tienden a buscar una casa encantadora junto al mar en la que vivir el último periodo de la vida, en un pacífico aislamiento desprendiéndose de todo.

La vivencia del padre como víctima y salvador es característica de la casa IV, se tiende a su idealización.

Suelen tener una sensación de desarraigo, no acaban de encontrar su hogar en un sitio físico lo que los lleva a viajar por todas partes sin establecerse en ningún lugar.

Marty Robbins
Cantante, compositor y actor

Neptuno en Casa V

En esta Casa Neptuno puede manifestarse a través de las dotes creativas ya que confiere una imaginación muy rica y vivida con la que poder exteriorizar los sentimientos.

En ocasiones atraen a sus vidas lo que otros quieren antes de lo que a ellos mismos les gustaría ser o hacer.

Con respecto a los hijos, pareja y/o amigos íntimos da tendencia a idealizarlos, lo cual acaba en complicaciones. Se corre el riesgo de enamorarse del hecho de estar enamorado. En este ámbito relacional buscan salvar o ser salvados.

Puede dar dificultad para tener hijos o provocar embarazos accidentales.

En relación con el juego y las especulaciones financieras, con Neptuno se verán ensombrecidas las idealizadas ganancias.

Alejandro II
Zar de Rusia

Neptuno en Casa VI

Al ser la Casa de las enfermedades leves, con Neptuno hay tendencia a la hipocondría, a las dolencias misteriosas que a veces pueden ser de naturaleza psicológica-nerviosa y en ocasiones pueden tener diagnósticos equivocados. Hay riesgo de padecer crecimientos desordenados de células que no necesariamente requieren hospitalización.

En el campo laboral se tiende a idealizar el trabajo, habitualmente se es propenso a la explotación ya que les cuesta poner límites y ser prácticos.

La mejor manera de canalizar Neptuno es apreciar cada momento y aspecto de la existencia física como algo lleno de belleza y significado buscando en el trabajo toda la felicidad de su vida.

La Casa VI se relaciona con la Casa XII ya que para encauzar a Neptuno lo debemos tratar como un ritual religioso, nuestros deberes se tienen que realizar como si nos fundiéramos con la fuente divina eliminando las fronteras del ser individual.

Manuel de Falla
Compositor

Neptuno en Casa VII

En la Casa VII el nativo busca la redención por medio de los demás, en ocasiones acaba devorado por una pareja dependiente y necesitada.

Es buena posición para aconsejar y ayudar a los demás a satisfacer sus necesidades.

Desilusionarse de los demás es natural de Neptuno en VII y la capacidad de cada uno de enfrentarse a esto será lo que le convierta en víctima o le posibilite tener relaciones gratificantes.

Es frecuente tener parejas típicas de la naturaleza de Neptuno como artistas, personas con alguna adicción, dependientes o, en otras ocasiones, tratarse de una persona que no es libre. También caben aquí las relaciones platónicas. Suele dar problemas de escándalos a nivel de pareja o con los socios que pueden derivar en conflictos legales.

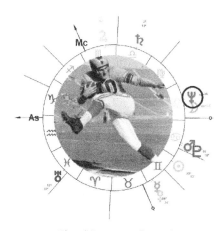

Elroy "Crazy Legs" Hirsch
Jugador del fútbol americano

Neptuno en Casa VIII

La cualidad de Neptuno es la tendencia a perder los límites entre uno mismo y el entorno y aquí en la Casa VIII, al ser la Casa de los deseos, el sujeto se libera de responsabilizarse del yo y se funde con el ámbito que le rodea a través del sexo, del dinero del cónyuge o socios, o mediante las fantasías autodestructivas.

En los casos positivos se recibe inspiración divina que llega mientras sueña.

En los casos negativos se vive el abuso de sustancias con las que evadirse de la realidad, para calmar las dolencias de la mente y el alma llevando a los sujetos a una melancolía agridulce cíclica, de forma que el sujeto se aísle sintiéndose solo y desvalido.

Surge una atracción hacia las ciencias ocultas y la muerte en todos sus aspectos.

El mayor peligro de esta posición es olvidarse de uno mismo.

Chavela Vargas
Cantante

Neptuno en Casa IX

La Casa IX ocupada por Neptuno hace que se busque la redención en el mundo espiritual experimentando la divinidad en la vida.

Es una posición para captar realidades superiores, de forma intuitiva. Da una inspiración artística y espiritual que conmueve por la capacidad de Neptuno de llegar más allá de la realidad.

Respecto a los estudios superiores se realizan, pero acaban decepcionando, en otros casos les cuesta decidir qué carrera elegir. En general sienten que podrían ser más de lo que son.

Para los sujetos con Neptuno en la Casa IX viajar se convierte en una forma de vida ya que no encuentran su hogar en ningún lugar, no logran asentarse satisfactoriamente en ningún sitio. Los viajes se ven teñidos de desilusiones o su opuesto: la idealización mágica del lugar visitado.

Lucia Santos
Vidente y transmisora de los mensajes de la Virgen de
Fátima

Neptuno en Casa X

Es una posición para desempeñar una profesión de ayuda o servicio a los demás. Aquí Neptuno da un talento artístico fascinante y misterioso de cara al público, aunque en ocasiones acabe siendo una víctima de su propio encanto.

Este emplazamiento va asociado a escándalos ya que los nativos sienten que para conseguir las cosas es necesario engañar.

Suelen representar un movimiento o fuerza que se impone a la sociedad, son idealizados y adorados por el público en general.

Las profesiones típicas de Neptuno son el trabajo social, arte, moda, fotografía, música, danza, religiones y artes curativas. Si su profesión no les absorbe e inspira se sienten insatisfechos lo cual se puede plasmar en inseguridad a la hora de elegir su ocupación.

El papel de la madre será muy importante en estos nativos que en ocasiones la ven como mártir o víctima.

Carlos Arniches Barrera
Comediógrafo español

Neptuno en Casa XI

La persona es proclive a unirse a grupos que se dedican a causas sociales, a defender a los más desvalidos.
Se siente atraído por colectivos artísticos o espirituales donde se trabaja con los poderes de la mente. El sujeto se abandona al grupo al que pertenece lo cual en ocasiones le lleva a experimentar desilusiones con las amistades.

Con esta posición se realizan viajes en colectivo a lugares espirituales o con la comunidad a la que pertenecen.

Su unión con los amigos tiende al misticismo siendo capaz de hacer cualquier sacrificio por ellos. Se rodea de colegas idealistas con los cuales desarrollar sus planes y aspiraciones. Muestra interés por las causas perdidas.

Tendencia a apropiarse de los proyectos del colectivo para su propio interés.

Los anhelos y aspiraciones del individuo suelen no materializarse debido a la idealización de las metas.

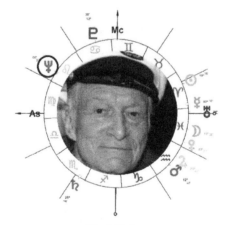

Hugh Hefner
Editor de revistas para adultos, empresario y playboy

Neptuno en Casa XII

Neptuno está fuerte en su propia Casa, lo que hace alternar al sujeto entre periodos de soledad con otros de participación activa en sociedad.

Suelen ser víctimas de su propio inconsciente, el cual en ocasiones sirve de inspiración al acceder al sabio interior.

Da tendencia a la fantasía y ensoñación creando su mundo al margen de la vida. En los artistas da inspiración onírica para crear.

Sienten que no tienen el control de lo que les sucede. El mundo no siempre está a la altura de lo que piensan que podría ser.

Es buena posición para trabajar en hoteles, hospitales y lugares de reclusión voluntaria o involuntaria.

Cuando enferman puede ser un anhelo de escapar de la realidad. Es habitual usar fármacos para conciliar el sueño.

En esta Casa están los secretos de familia, Neptuno hace lo posible por que no sean desvelados.

Béla Bartók
Músico y compositor húngaro

PLUTÓN EN LAS CASAS
Jacqueline Rivas

Círculo sostenido por una parábola sobre una cruz. El círculo: representa el espíritu. La parábola: lo ilimitado. La cruz: la materia. El poder de la transformación.

Noveno planeta del sistema solar descubierto en 1930. En 1976, cuando se descubre su primer satélite, entra a la órbita de Neptuno y pasa a ser el octavo planeta. Desde el 2006 convertido en planetoide (Plutoide-Plutino).

Ciclo de 248 años en recorrer todo el zodíaco. De 11 a 23 años en cada signo de manera irregular por su órbita excéntrica, lo que significa que se mueve 0°1´ promedio por día.

Domicilio/Regencia: Escorpio
Exilio: Tauro
Exaltación: Capricornio
Caída: Cáncer

Palabra clave: PODER

Plutón (romano)/ Hades (griego)

Mitología: Rapto de Perséfone

Dueño del mundo subterráneo, de los muertos, infierno y riquezas que se encuentran en las entrañas de la tierra. Concepción maléfica de su poder, con una fuerza destructora que al mismo tiempo brinda alimento a las raíces para que crezca la belleza admirada en la superficie.

Muestra su fuerza exterminadora y potencia el viaje hacia el interior. Intrínseca la necesidad de profundizar; deja ver el lado denso, oscuro del subconsciente, lo que queda escondido para descubrir las riquezas internas del ser así como los materiales. Habla de los temas tabú, sexo, muerte, psiquismo, poder mental, desviaciones morales, todo aquello que resulta incómodo mostrar. Plutón se hace sentir cuando ha avanzado, adueñándose del tema de su incumbencia. Trabaja acompañado de deidades macabras, amparado por la oscuridad.

Es muy posible que, luego de agarrar campo de acción, se muestre sorpresivamente y ya sea demasiado tarde para actuar, como cuando llega la muerte. Pasa desapercibido, sin embargo, siempre existe un gran magnetismo, mezcla de miedo y seducción, engancha y puede ser adictivo, como las drogas o el sexo.

El lugar que ocupa en nuestra carta natal determina las profundas transformaciones psíquicas, emocionales, muertes, regeneración, renacimiento del ser. Su manera como sello es extremista, dramática, profunda. La Casa o sector donde se encuentre será la Casa de las permanentes metamorfosis, será el escenario de su acción: cómo, cuándo y bajo qué elementos nos convertimos en ave fénix. Es un planeta espiritual, de autosuperación, mediante la transmutación, a su paso nada es igual a la vida vivida antes. Plutón marca el perfeccionamiento del ser, lo moldea.

Por ser un planeta generacional está implícito que se manifiesta en la sociedad, se dirige a las masas, por tal se le vincula a medios masivos como la TV, al consumismo, sexo, drogas, pandemias.

Plutón en Casa I

Voluntad indomable, naturaleza apasionada y extremista. El nativo posee un gran magnetismo que atrae o repele. Oscilante odio/amor, ángel/ demonio, bueno/ malo.

Condición reservada, introvertida, silenciosa, taciturna, solitaria, pero puede dar un líder carismático con dificultad para trabajar en equipo. Es individualista, hiperactivo, a veces agresivo o violento, se crece ante las dificultades dando lo mejor de sí mismo, muestra una gran ambición por el poder.

Capacidad para manipular e influenciar a las masas por su fuerte poder de atracción hacia las mismas.

Gran atractivo sexual.

Stephen King
Escritor de novelas de terror, misterio y ciencia ficción

Plutón en Casa II

En esta posición Plutón es un gran imán para la ambición de dinero y posesiones materiales. Deseo de obtener riqueza a costa de lo que sea, incluso usando medios poco convencionales para lograr su objetivo.

Esta posición favorece las especulaciones, actividades secretas y hasta al margen de la ley con orientación a ganancias materiales, para lograrlas muestra su voluntad de hierro y una estrategia sin límites. Aquí no actúa la suerte, el éxito se logra venciendo los obstáculos que se presenten. Ganancia con temas vinculados a Plutón: petróleo, funerarias, el más allá entre otros.

Hugo Chávez
Presidente de los Venezuela 1999/2013

Plutón en Casa III

Carácter voluntarioso, apasionado e individualista.

Hermanos, vecinos o compañeros de clase con visibles características plutonianas, es decir, obsesivos, crueles, misteriosos, ambiciosos, que pueden generar dificultades en la comunicación, en algunos casos la ruptura total es el resultado.

Muerte de algún hermano.

Dominio del nativo mediante la información, investigación. El individuo posee mente inusual, poderosa, penetrante, apasionada, profunda, que desea conocer los misterios de la vida y la muerte. Polémicas intelectuales, verbales.

Excelente posición para espías, detectives, psicólogos, investigadores, médium.

Martin Luther King
Pastor baptista y defensor de los derechos humanos

Plutón en Casa IV

Madre/Padre del nativo con características fuertes, controlador, dominante, sobreprotector, vigilante como un policía, generando asfixia con necesidad de liberación permanente. Muerte de uno de los padres de manera misteriosa.

Deseo de profundizar en las raíces de su familia, que seguro saca a flote situaciones secretas que jamás han debido ser expuestas. Hogar con dinámica agresiva, violenta, explosivo, lleno de rebeldía, luchas por el poder. Las experiencias familiares son transformadoras.

El final de la vida no será nada tranquilo, todo lo contrario, es probable que sea un período muy productivo.

Ernesto Che Guevara
Político y guerrillero

Plutón en Casa V

Las relaciones amorosas son dramáticas, apasionadas, extremistas y muy atormentadas, con una gran carga de misterio, prácticamente un descenso al infierno transformador.

El sexo ocupa un lugar predominante, gran magnetismo, puede que el mismo permita una gran evolución espiritual, una alquimia particular.

Necesidad de ser amado, atendido, reconocido.

Los hijos son fuertes de carácter, luchan por el poder.

Profunda creatividad, se creen llamados a un destino especial.

Benedicto XVI
Papa de la Iglesia católica

Plutón en Casa VI

En esta posición el nativo posee una necesidad de transformarlo todo mediante la salud o el trabajo.

Excelente posición para psicólogos, terapeutas, investigadores, descubrir misterios, resolver incógnitas, trabajar con "mancias" o todo lo que permita adivinar el futuro; minas, energía atómica, petróleo, seguros o funerarias.

Una gran fortaleza, vitalidad, capacidad de regeneración física.

Puede tener jefes exigentes o ser ellos unos jefes opresivos.

En algún momento deben someterse a tratamientos o complicaciones de salud que requieran esfuerzo y dedicación para salvar sus vidas.

Sigmund Freud
Médico neurólogo y padre del psicoanálisis

Plutón en Casa VII

Profunda pasión en el matrimonio, es posible que en los primeros tiempos sean muy felices y luego arriben las complicaciones por celos, posesividad, exceso de control, antagonismo, con riesgo de finales dramáticos. Lucha de poder por el control del otro. Irremediablemente divorcio o separación dolorosa.

Las asociaciones se deben tomar con prudencia.

Enemigos poderosos declarados, peligrosos, que aplicarán cualquier tipo de estrategias para sacar de circulación al nativo.

Gran magnetismo para atraer al público; posible trabajo en medios de comunicación masiva o en el ámbito político.

Dante Alighieri
Poeta y escritor italiano

Plutón en Casa VIII

Esta es la Casa natural de Plutón, aquí expresa su máximo poder provocando una fuerte regeneración y transformación al nativo.

Fuerte atracción por el más allá, lo esotérico, la muerte. Pueden llegar a ser clarividentes o poseer dones paranormales. Grandes investigadores, buscadores de respuestas a los misterios de la vida.

Planeta de la muerte en la Casa de la muerte genera terribles consecuencias que se hacen notar. Posibilidad de padecer crisis existenciales de gran magnitud, llevándolos al renacimiento constante.

Puede generar nativos intensos en la sexualidad, eróticos y morbosos.

Adolfo Hitler
Político, militar y dictador alemán

Plutón en Casa IX

Profundas y complicadas especulaciones filosóficas, espirituales, religiosas, políticas. Grandes renovadores del pensamiento abstracto, cero convencionalismos, persiguen la verdad por encima de todo, van aniquilando lo que consideran falso, pueden llegar a mostrar gran fanatismo.

Buscan el poder que los lleve a dominar mediante el brillo intelectual; líder natural.

En algún momento realizan un viaje largo, al extranjero, que les transforma la vida. Peligro de accidentes e incluso riesgo de muerte en los viajes.

John F. Kennedy
Presidente de los Estados Unidos 1961/1963

Plutón en Casa X

Posición de mando, liderazgo. Aumento de ambición por llegar a la cumbre y ejercer poder absoluto. Muchos mandatarios, líderes mundiales, tienen este emplazamiento. Una vez que llegan a su meta, se convierten en autoritarios, mandones, dictatoriales.

Vida expuesta al público con abundantes peligros, dramáticos desenlaces o muerte pública.

Crisis a lo largo de la vida que los empuja a la transformación.

El nativo puede tener profesiones de alto riesgo, o estar envuelto en grandes misterios.

El padre/madre ejerce una gran influencia, de manera extrema, odio o admiración.

Vladímir Putin
Político, abogado y presidente de Rusia

Plutón en Casa XI

De pocos amigos, carácter introvertido, muy reservado, silencioso. De lo bueno poco, intensos, fieles, dominantes.

Atracciones emocionales irresistibles, apasionadas, relaciones amistosas incomprensibles que pueden llegar del más profundo amor al odio.

Viajes transformadores en compañía de amigos o turismo colectivo. Grupos de interés: esotéricos, políticos, radicales. También puede asociarse a logias clandestinas, misteriosas.

Poseedores de gran magnetismo, actitudes extremistas.

Situaciones de peligro por asociaciones, riesgo, muerte, o exceso de conflictos principalmente en colectivo.

Amistades o protectores con rasgos plutonianos: misteriosos, radicales, extremistas, manipuladores y con gran fascinación personal.

Ágatha Ruiz de la Prada
Diseñadora de modas y empresaria

Plutón en Casa XII

Esta posición es dura, fuerte, severa, con abundantes y peligrosos enemigos ocultos que no darán descanso al nativo hasta conseguir el objetivo de destruirlo. Odio, venganza, traiciones, conspiraciones secretas para borrarlos de la faz de la tierra, incluso matarlo si es preciso.

Tendencia a situaciones hostiles, autodestructivas, víctima de gente malvada, brujos, drogas y adicciones.

Posibilidad de padecer enfermedades crónicas que consumen al nativo lentamente.

Pueden desarrollar la intuición y ponerla al servicio de los demás.

Deseo de poder, ambición desmedida.

Donald Trump
Presidente de los Estados Unidos,
destacado empresario y personalidad televisiva

REFERENCIAS

SOL

Ben Ragel, Alí. (1997). *El Libro Conplido en los Iuidizios de las estrellas*. Barcelona, Ediciones Índigo.

LUNA

Ruiz, Segundo. (2012). *La Luna en las Casas*. Blog de Segundo Ruiz.

MERCURIO

Kesselman, Patricia., Maciá, Tito., Ropero, Katterine., Sánchez, Mayte., Sepúlveda, Patricio., Ayala, Américo., Cervantes, Nadia., Toral, Iván., Tort, María del Mar., Vignoli, Fabián. (2018). *Las Doce Casas Astrológicas*. Editorial Amazon.

Álvarez, José Antonio., Azkue, María Jesús., Bakach, Santiago., De León, Blanca., Flores, Ariadna., Jaspe, María Argelia., Maciá, Tito., Peñafiel, Paulina., Ropero, Katterine., Torrealba, Mario., Ortiz, Cecilia. (2015). *Simbología Astrológica*. Editorial Amazon.

VENUS

Parker, Julia y Derek. (2008). *Astrología Parker*. Editorial Espasa.

Kesselman, Patricia., Maciá, Tito., Ropero, Katterine., Sánchez, Mayte., Sepúlveda, Patricio., Ayala, Américo., Cervantes, Nadia., Toral, Iván., Tort, María del Mar., Vignoli, Fabián. (2018). *Las Doce Casas Astrológicas*. Editorial Amazon.

MARTE

Vásquez, Hoyos, Ana M., (2006). *Historia de las religiones antiguas. La religión mesopotámica.* Editorial Sanz y Torres.

JÚPITER

Weiss, Adolf., (1973). *Astrología Racional.* Editorial Kier.

Maciá, Tito. (2010). *Apuntes de Astrología.* Libro en PDF.

SATURNO

Sasportas, Howard. (1997) *Las Doce Casas Astrológicas.* Editorial Urano.

Dumon, Eloy. (2004). *Manual de Astrología Moderna.* Editorial Kier.

Arroyo, Stephen. (1991). *Manual de interpretación Astrológica.* Editorial Urano.

Maciá, Tito. (2014). *Apuntes de Astrología.*

Gutiérrez, Roberto., (2006). *Apuntes del Centro Astrológico Venezolano.*

URANO

Dumon, Eloy. (1989). *Manual de Astrología Moderna.* Editorial Sirio.

Maciá, Tito. (2017). *Simbología de Urano.* Clase virtual. GoToWebinar

NEPTUNO

Maciá, Tito. (1994). *Seminario de Astrología en Sirventa.*

Sasportas, Howard. (1985). *Las Doce Casas.* Editorial Urano.

Green, Liz., Sasportas, Howard. (1993). *Los planetas interiores.* Editorial Urano.

PLUTÓN

Hernández, José. (1982). Gran Fraternidad Universal.

Urdaneta, Esperanza. (1985). Astresur.

Rivas, Jacqueline. (1977). Apuntes de clase sobre Plutón.

FOTOS

Fotografías tomadas de www.wikipedia.org la enciclopedia libre.

PROGRAMAS DE ASTROLOGÍA

Armon, Canva, Over e inShot

PÁGINAS DE INTERNET

Wemystic. (2020).

Made in the USA
Middletown, DE
18 August 2023

36915298R00104